沉默与空白

钱钟书传

孟语嫣 著

民主与建设出版社

图书在版编目（CIP）数据

沉默与空白：钱钟书传 / 孟语嫣著 .
— 北京：民主与建设出版社，2014.8（2021.3 重印）
ISBN 978-7-5139-0368-4

Ⅰ . ①沉… Ⅱ . ①孟… Ⅲ . ①钱钟书（1910 ~ 1998）
—传记 Ⅳ . ① K825.6

中国版本图书馆 CIP 数据核字（2014）第 122120 号

沉默与空白：钱钟书传
CHENMO YU KONGBAI：QIANZHONGSHU ZHUAN

著　　者	孟语嫣
责任编辑	李保华
封面设计	咖啡豆
出版发行	民主与建设出版社有限责任公司
电　　话	(010) 59417747　59419778
社　　址	北京市海淀区西三环中路 10 号望海楼 E 座 7 层
邮　　编	100142
印　　刷	北京彩虹伟业印刷有限公司
版　　次	2014 年 8 月第 1 版
印　　次	2021 年 3 月第 5 次印刷
开　　本	880 毫米 ×1280 毫米　1/32
印　　张	7
字　　数	143 千字
书　　号	ISBN 978-7-5139-0368-4
定　　价	29.80 元

序一　低调为人，高调治学

提起钱钟书，世人势必会想到《围城》，想到那句“城里的人想出去，城外的人想进来”。而在钱钟书的创作生涯中，贡献至伟的并非此书，而是那些束之高阁、众人仰颈却高不可及的学术著作。艺术专著、人生散文、世情小说，各种文体的涉猎充盈了钱钟书的一生，即使在那个大师云集的年代，钱先生也算得上是屈指可数的翘楚之一。此外，他与杨绛先生相守相依、白首偕老的伉俪情缘也让世人钦羡乐道。

钱钟书先生自离开我们至今已有十六个年头，在此期间，关于他的个人传记可谓层出不穷，因为其著书立作之丰厚，人生经历之曲折，其给后人作传提供的逸闻趣事堪称浩如烟海。看似有据可依、有料可挖，却也给传记作者们制造了不少难言之隐——常常为了将人物了解、剖析得深刻透彻，不惜耗时费力去翻阅大部头的学术著作，结果殚精竭虑写就的传记，却异常艰涩难阅。读者原本只想觅得一片林间空地以供休憩，你却带给他广袤无垠的大森林，徒然教其迷路。

此书虽算不得厚重，亦不属于对钱先生的著作和人生进行条分缕析的钻研，却有着一波三折、沁人心脾的阅读之乐。书中按时间顺序展现了钱钟书先生不同时期的剪影写照，他所出身的书香世家，他辗转就学的国内外高等学府，以及他任教、著书、干校学习等一系列阶梯式人生状态，抓住了很多转折或重要时期的人物变化的关键镜头，并将这些“镜头”通过有序而刻意柔化的蒙太奇拼接，使人物写照有疏有密，既带有艺术化的简略，又不失人物本身的精神风貌，使读者得以窥一斑而知全豹。

写传记书贵在“真、信、活”，真，真实；信，客观；活，生动。而这三点很难做到的原因在于传记书作者的自以为是，常将个人观点和不作系统考证的评价或猜测强加给读者，引导他们对人物产生错误的判读。而这三点，本书作者都严守谨记。真，钱先生的真性情、真品格，作为学者的那股傲态，以及偶或闪现的书人呆气、知恩图报、浪漫情怀都有提及，或通过书信、文章的引用，或是家人朋友的谈论，并不是空穴来风；信，客观得体地展现了钱先生在那个时代大背景下的生存际遇，因为才学骄人，受到的优厚待遇、同行嫉妒、政治牵连等，无不涉笔成趣；活，细腻的文风，不同侧面地刻画将钱先生亦嗔亦乐的模样描摹得纤毫毕现且情真意切，叙述风格清新文艺。

另外，本书作者独特的现代意识带动和丰富了此书的阅读观感，这种手法在当今很多“借古喻今”式的影视作品中并不鲜见：将一些适合现代人观赏和理解的词汇、意象、段子融入其中，使影像或文本的读解更显轻松。因此，当你在本书中读到当今热门影片的一些个台词、畅销作家的一些个话语或某本通俗小说的一句趣话，请不要讶异，代表人类普遍性的情感和意识，总会在某个时刻交汇、融合，以“语境错置”的方式迸发出一道道炫目的火花。

我们没有必要强求普罗大众以研究的视角去看待钱钟书。钱钟书的一生，除了著书立作、参加非常重要的研讨会之外，极少公开露面，这种低调为人、高调治学的品格与风尚，与家人和睦共处的其乐融融，正是作为学者真正的风度和气宇所在，对照如今骄纵、虚妄的学界风气，这种精神和气节的彰显正好是一种鞭策和激励，这也是本书“四两拨千斤”的意图和期冀所在。

岳　南

2014 年 4 月 11 日

序二　城围身，已围心

围在城里的人想逃出来，城外的人想冲进去，对婚姻也罢，职业也罢，人生的愿望大都如此。

想必这是大家最熟悉不过的钱钟书的名句了。可谁想，这句名句并不仅仅是出自西方的两个典故，更是出自他的“最贤的妻，最才的女”——杨绛先生之手。二人的性灵相通可见一斑。

他和她，总是如此心心相印，惺惺相惜。多少艰难困苦的岁月，多少流言与中伤，弹指灰飞烟灭在二人的相视一笑间。

在念到英国作家的一段话时——我见到她前，从未想过要结婚；我娶了她几十年，从未后悔娶她；也从未想过娶别的女人——钱钟书说，我与他一样；杨绛亦言，我也一样。

这是怎样的一种感情！

只可惜斯人已逝，此情可待。当年如此幸福的“我们仨”，后来只剩了她一人。然而他的达观亦是她的达观，流年往事，没有哀伤，亦不怀念。曾经那样温软的旧时光，随着流年轮转，缱绻成生命中的粲然。

他是达观的。虽写作《围城》，却并未被城包围。他既不是城外的那个人，一心想要冲进不明所以的城里去；他亦不是城里的那个人，一心想要挣脱城里的生活，逃到外面的世界去。

因为他是个知天命亦乐天命之人，他以冷眼看世俗红尘，通透饮食男女，却不令自己身陷囹圄；他以嬉笑怒骂铸成文章，折服城里城外之人，却独自全身而退。

因为他深知围城者，乃只是城而已，斯人何惧？被城围者，乃亦只是一介肉身，斯性灵可通透天地，乘万物以遨游，又何惧焉？

真正害怕的，是世人的困顿。城围住的是我们的身，围住我们心的，却是我们自己。

【目录】

卷一

Chapter·01

忆江南·江南才子初长成

钱钟书别过了珍贵温暖的童年，开始试着走进一个比家里还要广阔的世界。多年后，他记起幼时。知了声声的树梢，喧闹而浮动的茶香，广袤湖水间沉静而娇娆的荷花，一点一滴，如同被珍藏在琥珀里的透明碎片，叫人历经风霜的心，都可以变得灵动且柔软。一次挨打，将走歪片刻的钟书从悬崖边缘拉了回来，他蓦然醒悟。

钟情于书

有一种迷离，叫烟雨；有一种红尘，叫过往；有一种心动，叫江南。何其幸运，可以将冥冥中牵引的那根丝线，追溯到江南。那是一个连听名字都觉得美不胜收的地方，天之北，水之南，所谓伊人，佳期茫茫。

那是一个文人墨客们尽可以放肆想象似水柔情的地方，也是一个在故梦里追思起来不由要泪流满面的地方。谁没有一个江南情结，谁不曾畅想漫步在悠长的雨巷，手里持着一把丁香色的伞？极尽脉脉雅致的土壤，在偌大的国土里，也唯有江南，承载得起所有诚挚的赞美。

这里走出过许许多多光彩夺目的文人。他们的才情，氤氲在江南的山水间，多年后，世人不知，是他们成就了江南，还是江南孕育了他们。或许，是两者兼有。这些耀眼的墨魂，已经和江南血肉相融，如同一开始，就从来没有过任何分离。

杭州走出过郁达夫；兰亭处有过幼时周树人的脚印；水乡如梦的桐乡，漂泊着沈雁冰的小舟。而最令人心动的，却是吴侬软语的无锡，有过钱钟书。其实这个地灵人杰的地方所拥有的名人，何止一个钱钟书，可许多人，偏偏只记得这个名字，仿佛那是前世的约定，辗转了百年的尘埃，依旧心潮暗生。

钱，本来是一个最庸俗不过的字眼，用作姓氏，取名字很难不寻常。可淡淡地添上“钟书”两字，顿生不凡之感。一如墨迹半干，隔着半边屏风，亦能嗅到隐约书香。

在族谱上写下这个名字的人，是他的伯父钱基成。据说，他在抓周时，忽略了所有新奇精巧的玩意儿，一双黑溜溜的眼睛，只盯着满目琳琅里藏着的书，咿咿呀呀地挪过去，胖乎乎的小手，就紧紧攥住了那本书。都说三岁看八十，虽然钱家家风十分开明，然而身为大家长的钱基成看到此情此景，也觉得满心欢喜——哪怕只是这个孩子一时手快拿错了，也图个好兆头。

他给这个面相憨厚敦实的孩子取名叫作“钟书”，言简意赅，钟情于书。显然，这个孩子并没有辜负他的期望，他长成了一个深爱书、深爱文字的文人，可以说，一生都在同书打交道。伯父的美好希冀成了预言，命运在无意中展露出小小端倪，仿佛可以看见造物者的嘴角上扬，笑意清微。

无锡的钱家，是一个书香门第。这一代，有兄弟二人，长子钱基成，次子钱基博。老太太是个雷厉风行又不失温厚的主母，深得兄弟二人的尊敬和景仰。在钱钟书出世的前一年，老太太离开了人世，钱家兄弟十分悲痛，相互扶持着才度过了那段黑暗时光。仿佛是为了驱散悲痛气氛，这个家庭在不久后，迎来了一个新生命。钱基博的妻子十月怀胎，生下了一个健康可爱的男婴。听闻这个消息，钱家上下都为之精神一振。

兄长钱基成的妻子并没有生下男丁，由于兄弟之间感情深厚，为了让哥哥能够后继有人，钱基博决定将新生儿过继给兄长。旧时，这样的事情并不少见，为了延续香火，时有家中无子的人家，从兄弟或是旁系的家庭里，过继一个孩子，传承自己的香火。于是，尚在襁褓中的婴儿，就这样茫然无知地成为了自己伯父的孩子。

对于这个迟来的孩子，钱基成十分疼爱。钱钟书刚刚被送到他家时，没有奶喝，是钱基成连夜赶到乡下，多方询问，终于找到了一个丧子不久的妇人。钱基成将她请来给钟书当奶妈。或是因为失去了自己的孩子，妇人沉浸在悲痛之中，目光和行为都有些许呆滞，所以钟书在她的怀中长大，看上去竟然也有几分痴傻。

这些话自然不能尽信，可幼时的钱钟书，还真是有点傻气。说是傻气，其实是一脸的憨厚。这是这个孩子天生的气质，打从娘胎里就带来了，是一份淳朴纯净的赤子之心。在往后的漫长时光里，不论是鲜花璀璨，抑或风雨萧条，这个曾被家中长辈笑话痴傻的孩子，都真诚洁净地保持着一颗初心。

书香门第出身的钱基成在文学方面并没有多大成就，但这并不妨碍他希望在钱家的后代中，能够出现一位凤藻龙章的子弟，凝聚天地精华，手持梦中传彩笔，如同天上的文曲星转世而来，光宗耀祖，光耀门楣。于是，他在钱钟书四岁时，就开始教导他读书写字。

与许多坐不住板凳的男孩子不同，小钟书并不讨厌坐在书桌前。他总是规规矩矩地坐在那里，认真临摹和朗读。在这样一个家庭生活，有意无意的栽培使他更早的时候就对那些漂亮的符号产生了浓厚的兴趣。他忍不住会琢磨，这些符号里，会不会藏着许许多多好玩的故事呢？就像晚上奶妈给自己讲的那样。那时，他还不知道，多年后的自己也将走进文字世界，成为这个领域里最珍贵和闪闪发光的宝石。他只是单纯地喜欢翻开书，稚气却专注地看着上面的一字一句，连窗外屡屡飞起的纸鸢，都不能打扰他的一心一意。

或许是某个不经意的瞬间，浮云流过窗外，海棠花染几分水汽，江上山色几多。伯父钱基成无意中发现，这个看上去痴痴傻傻的孩子，格外喜欢看书，仿佛真是应了他的名字，对书卷爱不释手，钟情之至。兴奋之中的伯父随意抽考了钟书几个问题，小钟书竟然对答如流，丝毫看不出平素的傻气，当小钟书说起书中的故事时，眼眸中的灵气仿佛满溢而出，显然在这方面极具天赋。

伯父欣喜若狂。欣喜之余，难免多了几分纵容和溺爱。

钱基成经常带着小钟书走出钱家精致的阁楼，去不远的郊外踏春游湖，去新开的酒楼品尝新菜式，更多时候，他带着孩子一同去茶馆里听说书。在淡淡的茶香里，小小的孩子，端方有礼地坐在椅子上，孩子老成得近乎可笑地半眯着眼睛，听台上丝竹声声，清越或悲壮。说书人的口袋里，总是放着掏不完的故事：刘邦斩白蛇、诸葛亮病逝五丈原、吴三桂冲冠一怒为红颜……他听得津津有味，伯父坐在一旁，注视着他专注的小模样，不由伸出手，轻轻抚摸他柔软的发。

这个温柔慈祥的长辈，总是在用自己所能想到的最好的方式，无条件地宠爱着这个孩子。他大大的手掌，粗糙而温暖，为钟书撑起了童年时代最蔚蓝的一片天空。

而生父钱基博，并没有在将钟书过继给兄长后，就放弃了对他的教养。但跟兄长温和的教养方式不同的是，他对钟书更多的是严厉的管教。在钟书六岁时，钱基博提出将孩子送到外面的小学去上学。在这个问题上，一向兄友弟恭的兄弟俩第一次产生了矛盾，钱基成认为钟书在读书上甚是超前，家中的书他已经读完了大部分，就算他一直在家里读书习字，也不会有什么问题。然而，钱基博却觉得，应该让钟书去外面见识不同的学习方式，认识不同的小伙伴，他本来就有点内向，若是一直守在家中，无益于他的成长。

这个问题在经过不下一年的争执后，还是行事刚健的钱基博获得了胜利。不久后，钱钟书被送到了秦氏小学里读书。

那一年，他七岁。

他别过了珍贵温暖的童年，开始试着走进一个比家里还要广阔的世界。多年后，他记起幼时。知了声声的树梢，喧闹而浮动的茶香，广袤湖水间沉静而娇娆的荷花，一点一滴，如同被珍藏在琥珀里的透明碎片，叫人历经风霜的心，都可以变得灵动且柔软。

初长成，人不识

刚刚走入学校时，他还是个沉默得有些瑟缩的孩童。或许谁也没能想到，这个貌不惊人的孩子，会将自己的名字留在历史里，被人们惦念、思索、回味。宛如诵念出这个名字，唇齿之间，便有余香。

在秦氏小学的时光短暂得如同一场梦，很快就结束了。然而，对于钱钟书来说，那依旧是一段值得铭记的时光。在那里，他第一次接触到校园生活。也是在那里，他经历了两种截然不同的目光。

秦氏小学是一所类似于私塾的学校，虽然打着“小学”的旗号，可教育方法和教学内容实在算不上开明。夫子是位老先生，很有几分旧时书生的迂腐和偏见，一见钱钟书便觉得这孩子不讨人喜欢，一来是他比旁人大了一岁才来上学，二来是幼时的钟书性情内向，沉默寡言。因着这两个原因，刚开始，老先生并不将这孩子放在心上，任由他自生自灭去。

后来却发生了一件事，令老先生对钟书越发喜爱起来。先生有一把戒尺，不知被哪个淘气的孩子拿出去玩了，最终都没有拿回来。在几次询问之后，老先生不由生气，厉声呵斥了一番，甚至说了重话——枉费他教他们读圣贤书，结果却个个都是败类，竟然连做过的事情都不敢承认。

孩子们个个都被骂得不敢抬头。忽然，只见一个孩子站起身来，有理有据地反驳先生："古人曾说过，'己所不欲，勿施于人'。先生您也是当过孩子的，难道不知道孩子都是害怕惩罚的？若是您态度温和一些，我们不害怕您，想必早就有人主动承认错误了。"童声清脆而明朗，不紧不慢的语调里，是坦坦荡荡的十足底气。一番话说出来，同学和先生都惊了，定睛望着教室中那个身板挺直的孩子。几十个孩子里，他鹤立鸡群地站着，不卑不亢，据理力争而不失恭敬，最是令人诧异的是他的目光，宛如一泓清泉，清和又坚定。

先生默默地想：莫不是自己平日里竟小瞧了他，这孩子看起来毫不起眼，原来竟是个一鸣惊人的。原本是盛怒之下的他，不知不觉中竟然露出了笑脸，考了钱钟书几个问题，听得那孩子对答如流，毫不怯场，在这种情况下还能谈出自己的见解，可见确实是一个可造之才。

其实先生更欣赏的是钟书临危不惧时的气度，知识可以积累，然而这份气度，却是与生俱来的难得。自此之后，老先生越发看重这个学生，刚开始产生的偏见，早已不知何时丢到九霄云外去了。钟书在秦氏小学的后期生涯，可以说是十分快乐的，然而，这种璀璨人生，在经历了不到半年的时光后，却戛然而止。

钱钟书的身体一向不算健康，虽然后天是被无微不至地宠爱着长大，可到底有几分虚弱。在上了半年学后，他大病了一场，一向溺爱孩子的伯父舍不得他遭罪，便将他接回家中休养。病愈之后，伯父仍旧不愿让他回到学堂，宁可自己将他带在身边，亲自教养。

伯父的教养方式是十分宽容的，他格外放纵这个孩子，带他出去喝茶时，知道他喜欢看书，就租一套他喜欢的《七侠五义》或《济公传》给他看。那时候的无锡茶馆里，或许经常能看见一个小小的少年，捧着一本厚厚的书，看得天昏地暗、人事不知。闹市街头喧哗如织，唯有他的身畔，是一片心无旁骛的沉静。这些被称为“杂书”的文字，充盈了幼小的心灵，编织起一出绮丽的戏剧，造就了他最初对文学世界的向往和渴望。原来，跟《大学》、《中庸》里一样的字，出现在《七侠五义》里，就是那样的脱胎换骨，像是川剧的变脸，上个瞬间还是一张端方严肃的脸，下一个顷刻便是千娇百媚、活色生香的容貌。

他几乎是立刻就爱上了这个神奇的世界，愿意徜徉在其中，一生一世，血肉相融。或许，他并没想到，幼时的愿望竟然会栩栩成真，梦想驾着彩色的南瓜车走进他的生活，他活了一辈子，也在文学的芬芳里漫步了一辈子。

生父钱基博看不得长兄如此娇惯孩子，几个月后，他让钟书同堂弟钱钟韩一起去考东林小学。这是一所名望极盛的学校，入学考试便能筛选掉一大批不够优秀的孩子。所幸，钟书虽然被娇养着成长，国学基础却是相当扎实，他毫不费力地就通过了这次考试，顺利地进入了东林小学。

虽然不愿意孩子离开家，可钱基成还是为钟书能够考上东林小学而格外开心。很久后，钟书依旧记得那时伯父的笑容，在盛时的阳光下，他笑容十分灿烂，像是怒放的鲜花，尽情喷薄出所有的光华。那时的他不知，那是他最后一次见到伯父的笑容，最后一次用自己的力量，让他由衷地展颜。

离别是这样匆匆。世间所有的离别大都如此，匆忙地擦身而过，多年后在尘埃中追悔，悔恨没有以最美丽的姿态，挥手告别那些钟爱过的所有：青春、爱情、友人和生死。所以有人说，道别要早早的才好，不然真到了离别时，时间再多，也觉得仓促。

钱钟书人生中的第一次离别，不是生离，而是死别。对于一个才七岁的孩子来说，实在是过于残忍。这样的年纪，应该是在双亲的呵护下，蜜罐里无忧无虑地当个小王子，可以任性，可以胡搅蛮缠，可以不顺心就用号啕大哭来发泄，人生并没有多少如同七岁那样能够随意纵横的年纪。然而，七岁的钟书，却已经披上麻衣，跪在伯父的灵前，早早地去领悟死的含义，进行一场悲痛的永诀。

他还不明白什么叫作永远，所以也不能明白父亲所说的“永远不能见面”究竟是什么意思。他只知道，那个用尽全力去疼爱他、纵容他的伯父，安静地躺在一口沉重的黑盒子里。他没办法去叫醒他，再也不能走近他，拉着那双温厚的大手，缠着要看《七侠五义》。灵火的白烟袅袅飘散，捎带着淡淡的金箔纸灰，幼小的孩童无声地跪在烟火缭绕的灵堂里，木然地望着来往吊唁的人们。他没有说话，甚至没有像多数孩子一样厉声大哭，只是他的眼泪，在这种无声的静默里，缓缓地占据了整张稚嫩的脸庞。

这种悲痛是无言的。

柳叶落了，可以重新披上绿衣；梨花萎落，来年有一树如雪的光景；伤痛的人要将伤口愈合，却不知道何时是终期。或许，痛意终究会淡去，宛如散入苍穹的烟火，只余下清浅的硝烟味道。这个痴子的伤，也终有一日会被尘埃轻轻覆盖，可他已永远不能忘却，那伤痛的瞬间——暗色如深潮，将他彻底淹没。

初露锋芒

如同远古的钟声敲响了沉寂的黎明，深山老林里的寺庙开始了静默的梵唱，在庄严的圣洁声音里，隐藏着一种叫作宿命的事物。很多人是相信人世间的宿命的，那是一种秘密的安排，在某种不知名的力量调遣下。风声里落花簌簌的抖动，楼阁外泉水静谧而温和的流淌，甚至于每一个平静琐碎夜晚里的月色，任何一个飘忽的音符里，都潜藏着无声的宿命。

所谓宿命，那是一场命中注定。它悄然而来，默然而去，却留下许多遗憾与美好——注定相逢的人，千回百转地彼此流离，终究会在某个梧桐滴翠的街角，蓦然回首，温暖相遇；注定要走上宿命中的道路的人，不论怎么逃避远离，也终究会在多年后发现，原来这些年兜兜转转，却从未改变过什么。

而钱钟书，是注定要成为铭刻在历史中的那个人的。那是他的宿命，如同清风吹落花蕊，明月别过离人。他人生的轨迹，或许，早已被谱写。

年少时看《围城》，很是崇拜他文笔的老练尖锐，辛辣里带点幽默，幽默里又捎上几分无可奈何。所谓“骂人不带脏字”是一种境界，而钱钟书早已将这种境界熔炼成信手拈来。于是那时猜测，作者或许是一位愤青，冷冷的，傲气的，可能目光也是不屑的。年长之后，却愕然发现，其实那握笔人，是一个再沉稳不过的人，笔下虽然充满讽刺，充满傲岸，但却其实从年少时开始，就养成了格外从容的性情。

人们猜测中的钱钟书，与现实中的他，几乎判若两人。

聪明人固然都是洞察力敏锐的，却并不是每个聪明人，都懂得收起锋芒低调做人的道理。骄傲，也无可厚非，他们自有资本、却比不上低调内敛的大智者，总是更能够令人心悦诚服。而少年时的钱钟书，已懂得收藏羽翼。

他天资聪慧，基础又好，因此在东林小学很是有一番名气，同学们也都很崇拜这位被老师们赞不绝口，甚至称赞为“神童”的同学。唯有一位叫作刘如的学生，对钱钟书的“美誉”很是不服，屡屡提出要跟他比一比。其实这不过是少年之间的寻常斗气，钟书每次听到这种要求，总是一笑而过，他不喜相争，干脆视而不见，并不以为意。若是他接受了这种挑战，不管输赢，总是意气之争。何况，他虽然不说，可谁都明白，如若钱钟书同意了比试，惨败的那个总是刘如，这是毋庸置疑的。钱钟书为了同学之谊，不愿接受，一方面是性情使然，另一方面亦是他少年老成，所思所想总是比同龄人更加成熟稳重。

渐渐地，不仅是学校的老师、同学，深知钱钟书天赋过人，家里的长辈也对这孩子的争气引以为豪。伯父去世之后，钱钟书回到生父钱基博身边。钱基博素来对孩子的教育十分严厉，尤其是对钱钟书的要求更是近乎严苛。小小年纪的他在父亲的敦促下，已经会背许多古文。钱基博的友人中，有一位叫作林长的，听说钱基博有位公子，过目不忘，即刻成诵，好奇之下专门来到钱家，指名要考一考小钟书。

林长坐在厅上，只见一个小小少年从庭前进来，身姿英挺，眉清目秀，心下已生了几分欢喜，又听少年彬彬有礼，毫不拘束地向自己问好，更是喜欢。他弯下腰，抱起这个孩子，柔声问他年龄，又问他是否已经读过书。没想到钱钟书竟然回答说：伯伯，我并不是读书，我是在背书。

小小年纪的孩子，便能够回答出这样的话。林长吃惊之下，更觉得这孩子日后必然会有一番大作为。他越发喜欢，于是出了几个题目来考考小钟书。

“上善若水，接下去为何？”

钟书想了想，琅琅童声即刻响起：“水善利万物而不争，处众人之所恶，故几于道。居善地，心善渊，言善信，政善治，事善能，动善时。夫唯不争，故无尤。”一字一句，清清楚楚，半字都不错的。

“有物混成，先天地生——”

“有物混成，先天地生。寂兮寥兮，独立而不改，周行而不殆，可以为天地母。吾不知其名，强字之曰道，强为之名曰大。大曰逝，逝曰远，远曰反。故道大，天大，地大，人亦大。域中有四大，而人居其一焉。人法地，地法天，天法道，道法自然。”亦是不漏一句。

“那么韩非子有个《五蠹》，你可知晓？”

“嗯。”钱钟书点了点头，“学者，言谈者，带剑者，患御者，商工之民。”

……

一场考试下来，从《老子》到《韩非子》，钱钟书都是对答如流，毫无纰漏。林长最初以为钱钟书顶多也就能够背下四书五经，至多不过《庄子》之类，没想到钱钟书连比较冷门的《韩非子》

都有所涉猎，吃惊之下不由连声夸赞，当着钱基博的面便说，这个孩子长大之后，必然是个有出息的。

钱基博自然要谦虚几句，可这个被人夸赞的孩子是自己的骨肉，心下如何不高兴。这位老友年轻的时候也是十分自负的，考中过秀才，一本《老子》也是背得滚瓜烂熟，钟书能够得他称赞，可见这个孩子，确实是个好苗子。钱基博骄傲的同时，也在心中暗暗下定决心，一定要好好培养钱钟书。

渊博的家学给钱钟书打下了坚实的基础，而钱钟书在东林小学的学习，又让他更加全面而系统地学习国学。他的文科成绩，如同众星捧月，十分突出。他不仅在国学方面卓越，他的外语亦是同样优秀。

后来，已经成为国学大师的钱钟书回忆：他在东林小学学习时，看到过两箱商务印书馆的《林译小说丛书》。在十一二岁时，他就已经将这些外国文学翻了个遍，那对于他来说，是一个同《聊斋志异》、《西游记》等中国文学截然不同的新世界。他开始发现，海洋彼岸的那个世界，不仅仅是金发碧眼和黑发黑眸的区别，他们的思维、思想、行为方式亦是全然不同。那是一个他还只能在文学里小心揣摩的世界，他只能在静夜里挑灯，暗生向往。

他不知道，多年后，年少时的这种向往能够变成现实。他可以走进那片广袤的风景，寻找书里描述的种种细枝末节。到那时，他也真正明白，那个世界同自己古老而沉默的故国，是两番天地。

此时的少年，仔仔细细地读过每一行文字，将书中的思想集聚到脑海中。或许他不曾发觉，这种阅读，正在潜移默化地改变着自己。这个长着一张纯正的东方面孔的少年，在很早很早之前，就打破了思维的固有惯性，能够尝试用另一种全然不同的思考方式，去面对人生。

这个默存不默存

钱钟书，字默存。其实这位先生的字更令人觉得喜欢。最初知道他字默存，还是在他夫人杨绛的《我们仨》里，在这本记录着名人家庭琐事的温暖小书里，她总是以“默存”来称呼自己的丈夫，淡淡的，不见得多缠绵，却总有一些温情相随，不论是悲伤的事情，还是破碎的欢喜，她都是这样呼唤着他的名字，在平凡里涌出几丝酸涩的甜味来。

默存，一个默默存在于这个世间的庸常人，有庸常的快乐，有庸常的幸福，也有庸常的烦恼。他的祈愿如此庸常，然而他的宿命，却早已注定，将要拥有不寻常的命运。

从东林小学毕业之后，他顺利考上了苏州桃花坞中学。堂弟钱钟韩同堂兄一起，走进了这所教会学校。既然是教会学校，那必然是注重英文教学的，在那个青葱年纪里，由于这个机缘，他本来就不错的英文水平，得到了大幅度的提升。

而就在桃花坞中学，这个美丽、开明、校风民主的校园里，那个曾带着几分呆气的孩童，出落成了一个青春洋溢的少年。他曾经的肉肉圆脸，开始显露出几分固执的棱角，个子也开始飞快地拔节长高，如同春雨后的新笋，一夕之间便拔高了许多。这个十四五岁的少年，有着浓密乌黑的头发，眉毛长得极好，黑而密，却不见杂乱，更添英气，从侧影瞧过去，俨然已经是一位翩翩少年。

英俊潇洒的少年夹着书，行走在飘满落叶的校园里，亦是一道极优美的风景线。若是多上几分了解，便知这个少年不只徒有其表，还能出口成章，就是同龄人都觉得十分头疼的英文，他说起来亦是流利得很。

天才当然有偶尔偷懒的权利。钱钟书固然博学，但是年轻时候，也难免有几分疏狂惫懒，或睡到日上三竿而不愿起，或翻开两页书卷便觉得昏昏沉沉。人们常说，最动人是少年，最叫人烦恼亦是少年时分，所谓青春期，有时候回忆起来，只觉得荒唐又可笑。或许，那是每个人唯一肆意放纵过的岁月，轻松，随意，追随心里某个飘然而过的念头，任意逍遥。

大约是能够预见多年后的自己，将会走入温柔端方的囚笼，连笑容也只露出八颗牙齿，标准又冷漠，所以必须趁着年少时，骄狂一回。

钱钟书的骄狂，不是幼稚与放纵，也不是激素的无度挥霍，而是独立，是叛逆，是胆识。其实，这种难得的品质，反而是许多开明父母所梦寐以求的。

一九二五年，上海日本纱厂的工人开始走上街头，为自己的权利勇敢奔走；国民党领袖廖仲恺因党派斗争，死于那个黑色的年头；也是同一年，改变了整个中国命运的那个人，被更多人所熟悉、深记。但是窗外风雨声漫漫，并没有在这个小家中掀起狂潮，唯一值得钟书记住的，是在那一年，父亲钱基博成为了清华大学的教授。

在唯一的兄长去世之后，钱基博便成为了钱家当仁不让的家长，他素来极其重视孩子们的教育，兄长过于宽容的教育方式，其实他早已看不惯。而知子莫若父，他发现钱钟书考上桃花坞中学后，有时扬扬自得，不将传统国学放在眼中，动辄露一口流利英文，在学校里也就罢了，回到家里来竟然也是一样“显摆”起来。

于是，远在北京的父亲写了一封家书，要求钱钟书和钱钟韩兄弟两人都要在他暑假回来之前，各写一篇古文交给自己检查。这个作业，钟书不以为意，他自小熟读文言文，区区一篇文章而已，又有何难？尤其是在听说父亲将会由火车改坐轮渡，没有十天半月还回不来时，他更是欣喜放松，浑然将这个作业丢到了九霄云外。

他甚至将学校里的各类杂志带回家中——在学校的时候，他不见得有空闲来看，回到家中，他便如饥似渴地整个人都投了进去。闲书谁都爱看，新奇，有趣，更重要的是看起来不费脑子；那些微言大义的古文，虽然字字经典，可读起来到底没什么意思，艰涩难懂，真不如看通俗文学来得有意思。当时的通俗文学又十分经典，最重要的几本《紫罗兰》、《小说林》发行量极大，故事精彩，情节曲折，读来曲径通幽，过目难忘。钟书一拿起来，就再也难以放下，他看书速度又快得惊人，没几天，读过的闲书就堆起了厚厚一摞。

就在钟书看得不亦乐乎的时候，父亲回到了家中。稍作休息后，便开始检查兄弟俩的作业。钱基博本以为，就算钟书分了几分心思在外物上，到底天资聪颖，基础扎实，写出来的文章不论如何都会比弟弟优秀一些。没想到，两篇文章看下来，竟是钟韩的更为优异，辞藻华美，行文流畅，看得出来，是颇费了一些心血。反倒是钟书的那篇，平淡无奇，字里行间毫无新意，倒是充满了敷衍意味，可见这孩子并没有用心，只是拗不过自己的意思，随便做了一篇来交差。

父亲不由勃然大怒，当着众人的面，便将钟书狠狠揍了一顿。自古以来，挨打的名人不算少，曹雪芹年幼时也深受家法之苦，于是长大之后，将宝玉挨打那一段，写得格外脍炙人口，惹人心疼。显然，这段小小的不幸，虽然日后回忆起来，只是轻描淡写地一笑。然而当时在看见父亲怒气冲冲的样子时，疼的不仅是身体，就连心底，都是火辣辣地燎烧着。

钱钟书一向早慧，父亲的良苦用心，他又如何不知？不过是望子成龙。他明白，正是因为父亲在自己身上倾注了太多希望和期盼，小心翼翼地呵护教养，却看到自己违背了心意，随意糟蹋人生，感到心痛罢了。

一次挨打，将走歪片刻的钟书从悬崖边缘拉了回来。他蓦然醒悟，那些闲书，只是看个趣味，如同雪夜里的一阵清风，恍恍惚惚里吹过白茫茫的落雪，连痕迹都行踪缥缈。经年后，那些曾带来轻飘快乐的故事，能否被世人记得？时间淬炼真金，什么是最珍贵的，历史自会给出答案。

钱基博的做法虽然略微严苛了一些，然而在当时来说，却是无可非议的。正因为有这么一位严父，钟书才能迷途知返。或许，倘若他被继续放纵沉迷于通俗文学，纵使日后他依旧走上文学道路，写出的抑或只是《金粉世家》或某些鸳鸯蝴蝶的情事，至多如此，爱恨情仇，恩恩怨怨，看起来痛快淋漓，最终却飘散如烟。那么，或许就不是一个叫作钱钟书的人来写《围城》，亦是换了个人来思考如何走在人生边上。

值得庆幸的是，这些假设的如果都没有发生。他回到了自己该走的那条路上，踏实地、沉稳地、一丝不苟地奔向他的独特人生。后来，国学大师钱穆请钱基博为他的《国学概论》作序，钱基博就将此事完全交给了钟书，当钟书将自己写好的序呈给父亲过目时，这位向来严厉而吝啬赞美的父亲，终于露出了一丝宽慰的笑意。或许，在他的有生之年，也能亲眼目睹，这个孩子亲手创造的宏伟天地。属于这个孩子的舞台，将会是多么盛大璀璨啊！

这篇序言，钱基博一字不改，交给了钱穆，作为前辈的钱穆读完，亦是赞不绝口。这个年轻人，诚然将要成为这片国土上，异常耀眼的那颗星星，被景仰，被刻骨铭心，被当成里程碑来承载荣光。

卷二

Chapter·02

享清华·人在清华大学，胸怀世界

世界上不可能有十全十美的人，谁都是上帝咬过一口的苹果，你开了一扇窗，冥冥里，另一扇窗，就会悄然合上。他的目光，滑过一行行墨色的文字；他的手指，游走过一页页静默的书香；他的灵魂，飘移过一个瑰丽如月的世界。当他的思想同这些文字撞击，就演奏出一首惊艳的小夜曲，温柔、安静，又带着震撼世人的力量，像荒丘的风，生生不息，终不枯竭。

十五分的数学

说起来，文科生对于数学的深恶痛绝，原来是源远流长的。才气过人如钱钟书，也是提不起半点兴趣。这让许多拥有相同感受的文科生们，总算多了一丝心理安慰。当看到钱钟书也偏科偏得厉害，数学只能考十五分时，内心深处，大有扬眉吐气之感——你看你看，就连这么厉害的人，数学也是短板，可见这玩意儿确实讨人嫌。可其实，只消一句话就能将他们噎得无话可说：人家数学十五分照样能上清华大学!

那还是在一九二九年，已经从桃花坞中学顺利毕业的钱钟书报考了清华大学。作为中国最知名的学府，当时一共有两千多名学子报考了这里，而这所高等学府只打算在这么多学生当中录取一百七十四人。成绩一出来，钱基博发现钟书的名次排在第五十七位，这个成绩算不上好，也不能说坏，如果按照排名录取，显然是毫无问题的。

可问题就出在钟书的偏科上。

他的数学一向不好，几乎算得上“烂”。当父亲的，不管怎么用心替他补课，都没办法把他的数学拉到平均水平。而这次考试，钟书的国文和英语都考出了极高的水平，唯有数学，只有十五分。这在清华大学众多考生当中，几乎是绝无仅有的情况。因此，当年关于钱钟书能否进入清华大学的问题，成为清华大学上下皆议的热门话题。许多教授都认为，作为一名合格的大学生，应该是德、智、体、美全面发展，而钱钟书偏科如此严重，显然是不符合预期的。最后，还是当时的清华大学校长罗家伦先生力排众议，觉得若是就此将钟书拒之门外，恐怕会流失一个未来的精英，于是破格录取了钟书，使得他能够成为清华大学这所最高学府的一名学子。

那个蝉声不绝于耳的盛夏，这个意气风发的年轻人背上行囊，辞别了双亲，搭乘北上的列车，目的地，是北平。鸣笛声宛如撕破了蒸腾的热气，他从车窗外望出去，江南的一草一木，渐渐遥远，热气渐次染上，结在窗框，就像一层凝霜。少年的心里，第一次尝到了离乡的愁。有句古话说，“才知相思，便害相思。”之于初次离开故土的游子，又何尝不是如此?

幸好，那个他心仪了多年的学府，以强大的胸怀，弥补了游子的乡怨，驱散了他的小小悲伤，淡淡离愁。

都说，在每个人的心中，都住着一座城。落花飞絮，春烟碧水，你将世上最好的风景赐予它，以天地间最华丽的字眼形容它，用一颗心最温柔洁净的美好包裹它，任何人都不能轻而易举地踏入这座城池。它，只属于你，属于你的过去、现在与未来。

而清华大学，在钱钟书心里，就是这样一座圣洁而高贵的城池。他熟知它的过去，走入它的此时，便深知，自己将会与它共同创造未来。它的过去，是清政府为留洋学生建立的预备学校，到了一九二八年，罗家伦先生担任校长时，这已经是一所承载了中国学子梦想的殿堂校园了。从他破格录取了钱钟书时所显露的性情来看，这位校长，显然是一位有追求有理想并且愿意付诸实践的实干家。也正是这样一位领导者，改变了钟书一生的命运。

当钟书踏入清华大学的校园时，他望着连绵的碧梧和翠柳，百味杂陈。时隔一个夏天，他还是能清晰而深刻地记起放榜那日，他在人群里，看到红纸上自己的名字，心里有点小凄凉。不出所料，国学和外语的成绩都不错，甚至有点超出了自己的预期，可数学的惨败，亦是超出了自己的承受底线。

想来自己同清华大学是无缘了吧！因为他知道，清华大学没有这样的先例，会录取一名连数学都不能及格的学生。按照老规矩，他大概是要名落孙山了。可心里实在不能不存在那么一点小侥幸，或许那些教授看在自己傲人的国学和外语成绩上，能够网开一面，破格录取，这如同漆黑的深夜里，一缕豆大的烛火，虽然细微，可心里藏着那么点希望，就不会绝望得近乎伤心。

这时候，便有人来劝："你的父亲也是当过清华大学教授的，清华大学的故交总能剩下几个，要是去找找那些长辈，或许能够挽回。"钟书心里虽然难过，但他并没将这种话放在心里。他自幼能将四书五经倒背如流，又阅尽群书，心里是有几分文人的傲气的，走后门这种事，并不少见，可不见得他就要与之同流。若是这次败北而归，至多再考一年，回家好好温习数学，来年再战，总能凭自己的本事，堂堂正正地走入清华大学。

正在茫茫然走着的时候，忽然有一个学生拍了拍他的肩膀，说："你就是钱钟书？校长在找你呢！"便是这个瞬息，那缕豆大的烛火仿佛燎原的星火，顿时滚烫了半壁江山。校长日理万机，这时候见自己，不会是为了笑一笑他的数学，想必是事情有了转机。他双眸一亮，连忙快步走向行政楼。

钱钟书推开校长室，一位衣着简朴、气质高华的中年人坐在书桌前，他便是当时的清华大学校长罗家伦。罗家伦看到钟书进来，抬起头微微一笑。钱钟书虽然心里有几分揣测，可终究忐忑不安，幸好钟书没有将这种弱势表现出来，他依旧站得笔直，至少场面上，半点都不怯场。看到他这副模样，校长倒是哈哈大笑起来，几句话就彻底卸下了钟书心里的忐忑。

他直截了当地说："老实说，按清华大学的老规矩，你数学考成这样，学校是不能录取你的。可我觉得，你的另外两科成绩，实在是高。不得不说，连我都要对你肃然起敬了，所以，钱钟书同学，你被清华大学破格录取了。"

这个结果，显然是在钟书的意料之中，尽管心里早有准备，可当这个消息从校长口中说出来时，他却觉得整个天地之间，顿时明朗起来，阳光密密匝匝地透窗而入，明亮的光线里，仿佛还有青草的翠绿香气，湖水的澄净味道。一切，都是那样美好，美好得这位一向老成持重的年轻人，几乎想吹起口哨来。

他忘记了自己是怎么走出校长室的，飘飘然走到校门口，才想起自己应该写封家书回家，告诉对自己寄予厚望的父亲这个好消息。他顾不得跑回旅馆，找来纸笔就在附近的小亭子里开始写信。

多年以来，他和父亲的家书都是文言文对答，这个习惯，在彼此老去后，也依旧保持。那天的家书，亦是如此。他没有一开始就将这个喜讯写下，而是从容地从离开家乡时开始说，一路上的见闻，北平的风景，北方人的脾性，娓娓道来，格外生动。最后，他才开始提笔写这次的考试成绩，国文和外语极好，数学是意料中的差，可自己运气好，遇上一位极好的校长，所以他还是被录取了。

这种先抑后扬的写法，相比于开门见山的写法，仿佛给予读信人的欢喜，要浓重许多。其间，他的行文笔法，已颇为老练，很是有了几分后来《围城》的光彩。而这种才华，将会在他就读清华大学期间，更加盛大美丽。他会用自己的实力与潜力，来证明罗家伦先生的选择并没有错，他是与众不同的，未来也将走出不一样的天地。

不论是对于钱钟书，还是清华大学，因为严重偏科而破格录取都是百年不遇的事件。这是一次美丽的偶然，他为后世太多偏科生缔造了梦想，于他自己而言，这机缘更是骤然打开的大门。他以此为基点，撬起了不一样的人生，准备在新的天地里大施拳脚。

横扫清华大学图书馆

总有一些人，生来就是招人嫉妒的。有人说，世界上不可能有十全十美的人，谁都是上帝咬过一口的苹果，你开了一扇窗，冥冥里，另一扇窗，就会悄然合上。当然，世界这样大，完美的定义那样丰富，自然难以集上帝的万千宠爱于一身。不过，因为际遇与选择的不同，也总会有人获得更多的幸运。

而钱钟书，就是这样一颗闪闪发亮的星星。即使走在群英荟萃的清华大学，他亦是其中最闪耀的星辰。尤其是当他进入清华大学外文系后，先后掌握了德文、法文、意大利文，甚至是艰涩的拉丁文，这样的天才，在令人惊叹的同时，终究也难免招来羡慕、嫉妒以及淡淡恨意。其实多数时候，之于天才，我们是愿意敬仰和艳羡的，可当埋头苦读觉得人生艰辛时，若有人漫不经心地抱着双臂从窗前走过，每个人的心里，想必都觉得这个世界太残忍，这个人太招摇。

其实钟书心里并没有招摇的意思，他还不至于清闲到这个程度。但他确实很少做出一副痛下苦功的样子，很少像其他勤勤恳恳的同学一样，专注上课，认真记录下教授的每一次高谈阔论，恨不得头悬梁，锥刺股。

上课时，大家带的是课本，他带的却常常是与科目无关的杂书。他也很少认真听讲，他的注意力，更多地投注在手中的那本书上，目光纯粹，从不走神。做的是学渣的事，考的却是学霸的分，往往这样的人，才是真正叫人觉得天地凄凉的。

只是幸好，这种人毕竟是少数。大多数人，也只是平平淡淡、朝九晚五的寻常人，做寻常事，也只怀揣一点小心思，有点闲，也有点喜悦，会因为一些微小的事情流泪，也会因为冬天里一杯不经意的热咖啡而暖溢心房。

当钟书毫不在意地从同学们身边擦肩而过时，身后留下的，大多是羡慕不已的余光。他将这些余光落在身后，铃声一响，就匆匆走出教室。他的目的地，是清华大学图书馆。在他的大学时光里，这几乎成为了他的第二个宿舍，除了上课和睡觉，他几乎将整个人都埋了进去。

在当时，清华大学图书馆是全国藏书最丰富的地方，不论是什么类型的书籍，甚至是珍贵的孤本，都能在这里找到。而这些镇馆之宝，并没有因为有价无市的价值被束之高阁——清华大学的每位师生，都有翻阅的权利。

如果说清华大学图书馆是一片广阔无垠的雪原，那么钱钟书便是这片雪原上无休止翱翔的雄鹰，他展开凌厉的羽翼，在无边无际的原野里，肆意攫取他的猎物。他近乎渴望地、贪婪地走入这个世界，如久旱的泥土，尽情汲取雨后的芬芳。他数学虽然不好，总是令人误认为他只是擅长国学，其实钱钟书不仅仅是个语言天才，他的兴趣亦是十分广博，连艰深的哲学和心理学，亦是有所涉猎。

而有人这样说，在当时的清华大学，钱钟书是借阅书籍最多的学生。他们经常能够看到这样一个年轻人，一副细丝眼镜，有时候会悄悄滑下来，露出一双黑白分明的眼眸；他的刘海已经有点长了，微微遮住了眉眼，可他穿得很干净。这些都是最普通不过的样子，清华大学校园里这样的学生简直比比皆是。可最明显的，是他手上永远都不曾放下的书，仿佛书中的墨香，已经将他和文字融为一体，任何事情，都无法拆分他们。

有时候，总会觉得缘分是多么奇妙。或许，就在伯父为他取名叫作“钟书”的时候，他和书籍深厚无比的羁绊，就已经暗然滋生，在日后的时光里，尘埃惊散，流水如花，他们的纠缠愈演愈烈，最终密不可分，如同浑然一体的血肉，倘若强行拆散，想必那个嗜书如命的年轻人，会神魂俱伤。在旁人无法了解的世界里，他与书是朋友、亲人、爱人，缺一不可。

钟书看书的速度十分快，总是能用别人看一本的时间，就看完了数本。可他并非囫囵吞枣，他看每本书，都会做上十分详细的注解，写下自己的思考，甚至一本书看下来，上面密密麻麻的都是他的手笔。他读书，读的早已不是趣味，他沉浸在文字世界里，仿佛每一次阅读，都是一次与作者的亲密交谈，他们言笑晏晏，宾主尽欢；他们各抒己见，争论不休；他们相视一笑，千言万语，一切尽在不言中。这样的阅读，才是真正升华到灵魂高度的阅读，将自己的整个身心，都带入其中。走出来时，那些精髓，才会与本我的思想相碰撞融合，最终淬炼成完全属于自己的智慧。

于是，就有人发现，清华大学图书馆的大多数书籍上，都留下了他的笔墨。这难免会令人产生自叹不如之感。当翻看一本闻所未闻的书时，却愕然发现这本书早已有人研究得熟透，而当你丢弃它，从浩瀚的书海中又抽出一本，最终又发觉，那个人的笔迹依旧行走在字里行间，笔走龙蛇，潇洒又肆意，心里的崇拜，何止是小小的一滴。

因为书看得实在是多，于是有时候钟书自己也难免记混了。有一次，他拿了一本书，竟然发现上面有自己的笔记，仔细一看，笔记里带着许多激愤之语，想必那日心情不好，因此多有偏激评论，为了不误导后人，他又拿起笔，在原来笔记之后补上一句：书本无过，我有多失，并非有意冒渎。写完之后，他便将书放回原位，打算第二天接着过来看，没想到次日翻开时，竟有人在后面接道：不知何处憎书人，眼前涂抹丢煞人。不悔自己无颜色，却将丑语怪他人。这人倒也有意思，前两句夹枪带棒，后两句连自己也讽刺上了。

钟书不由展颜，略思片刻，他便提笔道：无端弄笔是何人，剿袭清华钱子文？从那人的笔法中看来，显然是《红楼梦》的忠实读者，钟书便也同样化用了《红楼梦》中的句子，回敬那人不知反省，只知道讽刺他人。可见，他学识渊博，遍览群书不是没有道理的。淡淡几句，幽默又精辟，也不伤和气，四两拨千斤的功夫，是练得相当到家。

那些年，时光精粹如水晶，清浅地掠过他头顶的天空。他的目光，滑过一行行墨色的文字，他的手指，游走过一页页静默的书香；他的灵魂，飘移过一个瑰丽如月的世界。当他的思想同这些文字撞击，就演奏出一首惊艳的小夜曲，温柔、安静，又带着震撼世人的力量，像荒丘的风，生生不息，终不枯竭。

遇上最好的伯乐

每一匹千里马，都心心念念遇上一位伯乐；每一颗来自深海的明珠，都不愿意被堆积于茫茫人海，被淡忘，被蒙尘与遗失；每一位身怀才华的人，也都深深渴望着，在不久的将来，甚至就在下一个瞬间，便有步履轻盈、目光和蔼的人推门而入，愿意挖掘开发，帮助自己将最动人的一面打磨造就。

是的，千里马需要伯乐慧眼相识，明珠需要识货人拂去满身尘埃，有才华的人们也需要有人来安慰、鼓励、宽容，甚至是包装。

钱钟书是幸运的。

清华大学赋予他一个通往天堂的台阶，而他不卑不亢、沉稳有度地拾级而上，直至走到鲜花烂漫的境界。他的成功不是偶然，除却他孜孜不倦的努力之外，一路上，也有“贵人相助”，一路偕行。

罗家伦先生，是钱钟书人生道路上第一位“贵人”。论声望，罗家伦似乎并没有其他清华大学校长那样出众，然而论功绩，却是清华大学改革校风、有容乃大的一代宗师。在他担任清华大学校长期间，第一，清华大学开始招收女生；第二，破格录取了钱钟书。光是这两样，就足够这位老先生在清华大学校史上拥有一席之地了。

但他和钟书的缘分并不长，很快，他被调离清华大学，告别了这所美丽的校园。然而，他们依旧有书信往来。罗家伦很是欣赏钱钟书这位小友，甚至将自己的诗作寄给这位小友品鉴。罗家伦的诗其实写得极不错，钱钟书也是个好诗之人，于是专门写了诗评寄回去，用的依旧是文言文，翻译成白话便是："您的诗写得真是如珠如玉，我从前听说您诗字双绝，字我是见过的，如今见了您的诗，才觉得盛名之下，果然不虚。这首诗我一定会好好保存，如果有机会，我也想请您帮我看看我写的诗。"

后来，他果然将自己写的诗寄给老校长。老校长亦是十分欣赏。一老一少，几乎是白头如新，倾盖如故的典型代表。

另一位大诗人陈衍，亦是钟书的良师益友。这两人相识，始于路上巧遇。那时，他们都还不知道彼此的名字，只是那位老人，时常看到钟书行走在前往图书馆的路上，每一次见他，怀中都抱着五六本书，于是终有一日忍不住拦住了他，翻了翻钟书手里的书，却露出遗憾神色。

钟书不由狐疑，他仔细打量了一下这位老人，忽然想起，眼前这位就是著名的诗人陈衍，号称石遗老人。他即刻毕恭毕敬地请教，为何老人看到他手里的书，会是那样的神色。陈衍笑问，他早就听说清华大学来了个才子叫钱钟书，可为什么这个才子只喜欢外国文学，中国文学这样深厚，却不下苦功夫钻研呢？

这个问题几乎是问到了钱钟书的骨子里——东方文学和西方文学，究竟有什么差别。他已思索许久，此时有人提问，自然滔滔不绝：东西方的文化都是人类文化，没有谁高谁低的问题。但是我以为中华文化其实在根骨上比西方文化更高，但西方的逻辑、系统却是比我们的要优越一点的，这也是两者之间的相通之处……其实面对着自己的长辈，有点无礼，可陈衍不以为意，依旧面带微笑侧耳倾听，这个学生很有意思，也很有本事。听到最后，他不由夸赞钟书，人人都说他学贯中西，不是没有道理的。

此后，两人成了莫逆之交。陈衍先生是戊戌变法的后人，思想比遗老们要开明许多。他与钟书所深爱的西洋小说译者林纾是好友，这位先生却是个怪人，才华横溢，一生翻译了众多外国小说，读者遍布大江南北，在“五四”新文化运动中影响深远。可这位老先生却最厌恶旁人称赞自己的译作，如果有人告诉他，自己因为他的译作而爱上了西方文化，老先生定然是要勃然大怒的，他以为，自己的译作是用古文翻译的，如若看过自己的译作，应该爱上的是中华文化。幸好，作为林纾先生好友的陈衍，并无这样的怪癖，他虽然比钱钟书要大上四五十岁，却很是开通，算得上是旧文人当中脾性最好的人了。

在清华大学期间，钟书还结识了一位对他极其欣赏的教授。那就是钟书的老师吴宓先生。这是一位十分宽容善良的老师，唯有在上课时要求严格。可钟书很少听他的课，上课时基本上都是在看自己从图书馆借来的书，吴宓却并不怪罪他，反而很有纵容他的意味。对于这位学生，吴宓是格外宠爱的，甚至每次上课之后，都会请钟书当堂站起来，评一评自己讲课内容里的优劣。

而钟书也毫不客气，当着诸多学生的面就大肆点评，因为他知道，这位老师是不会在意的，反而会因为他的直截了当而心有快意。何况，他也认为，若是有意见不言明，反而藏着掖着，那才是对老师最大的不尊重。多年后，当他自己也走上了讲台，同样成为了一名老师，才恍然发现，当年的自己有多么骄狂不羁。为此，他专门写信给吴宓，请求原谅。未想，吴宓根本就没把当年的事情放在心上，反而安慰说，自己非常高兴能够遇见钱钟书这样的学生。他教过的学生千千万万，可也唯有钱钟书，才能让自己为他一再破例。

钱钟书即将毕业时，吴宓非常希望钟书能够留下来，继续在清华大学读研究生，毕业之后便留在清华大学，为学术界作出贡献。为此，师徒两人甚至彻夜长谈，但最后，钱钟书还是婉拒了老师的邀请。他觉得，以自己的知识水平，已经没有读研究生的必要，他同校内的几个学长交流过，真正有才华者寥寥无几，他无须再为了一个学位浪费有限的人生。对此，吴宓虽然觉得惋惜，也深知钱钟书的决定或许才是最正确的。读研究生，然后留在清华大学执教，或许是许多人眼中的美妙人生，光辉、皎洁，又一帆风顺。但是，这在钟书眼中，却并不是最期许的，他并不愿意将自己的人生仅仅停格于此，虽然他亦是深爱着这所校园。

他还有许多许多地方没有走过，还有太多风景没有看透，他对于这个世界来说，还是太渺小，太轻微，而他不愿意如同一颗最普通的尘埃那样平静、平凡地活着。岁月悠悠，时光芬芳而冷酷无情，一生这样短暂和匆忙，在仓促的流光里，人们不能预测未来，不能折返前尘，唯一能够紧紧握在手心的，便是匆匆的此时。可此时有多久呢？其实短到一睁开眼睛，就倏忽无踪。所以，像钟书一样，放弃可能沉稳的未来，放弃那些旁人眼中的美满，勇敢地承担起可能的风险，走向人生的未知，这未尝不好。

因为那时，一颗心，是满的，是从容的，是无知的，亦是无惧的。

踏墨走笔

清华大学为钱钟书提供了一个尽情汲取知识的园地，也正是在这里，他开始了创作活动。那是这片古老土地上新旧交替的年代，一切都有可能发生。青年是热血澎湃的，女人是逐渐挣脱围裙的，满清的遗老们虽然抵抗着，但新世界新思潮的力量摧枯拉朽，已经势不可当。

钱钟书诚然是嗜书如命的，却不是两耳不闻窗外事的意气书生。他也同样关心着这个世界日新月异的变化，同样密切关注着中国的命运。当时的学生，若想为这个国家做点什么，除了上街奔走呼号之外，最直接的便是出版刊物。而正好，清华大学有自己的刊物，叫作《清华周刊》，在学生当中很有影响力。

《清华周刊》原来是清华大学的学生自己创办的刊物，一开始，也并没有怀抱什么远大目标，只是打算将学子们的日常生活记录下来，供闲暇之余，博君一笑。随着时间的推移，《清华周刊》渐渐增加了传达时事的功能。通过这个渠道，清华大学学子们能够尽快了解到国内外时事，而他们的爱国心，也因此更加被激发起来。与时俱进的《清华周刊》增添了一些关于时事政论的栏目，影响力越来越大，渐渐开始走出校园，走向全国，在知识分子、工人中间都很有地位。

《清华周刊》最为人所知的是政治时事板块，然而它的文学板块，也同样备受瞩目。能够将自己的作品发表到《清华周刊》上，对于当时的学子来说，是一件挺光荣的事情。而那时的钱钟书，就很好地利用了这个平台——如果说清华大学的图书馆，是他汲取养分的辽阔天地，那么《清华周刊》就是钱钟书施展才华的光辉舞台，他在这一寸仿佛渺小的版面里，将自己的才气化作墨色，昭告大众。

他曾在《清华周刊》上发表了一篇名为《小说琐征》的作品，至今都为人津津乐道。但他自己却曾经笑谈自己当时用错了方法，明明是文学的东西，他却是用历史的角度来进行考证。其实这未尝不是另辟蹊径，别具一格。这篇文章一共分为三个部分，是他经过了长时间的考证研究积累出来的成果。写得最好的是第三个部分，是考证汤显祖《牡丹亭》的。

他虽然还年轻，但见多识广，逻辑严密，将自己的兴趣爱好和优势充分结合起来，把《牡丹亭》中的隐含在深处的政治意图进行了探索与揭露。其实在大多数人眼中，《牡丹亭》是一部瑰丽灿烂的爱情喜剧，为情生，为情死，生生死死，都是为了一个动人的“情”字，浑身上下都散发着人性的光辉。于是，太多人关注着《牡丹亭》的情，却忽略了汤显祖的意。每一部作品问世，都有其意义，或高峻如巍巍泰山，或轻浅如洁白鸿毛，作为“东方莎士比亚”的汤显祖，写下《牡丹亭》的目的绝非只是为了写一出悱恻如风月的感人爱情，比之《红楼梦》，《牡丹亭》的身后，也隐藏着太多太多的东西。

钱钟书将这个切入点从普罗大众所关注的“情”，转入汤显祖的写作意图，不论是对于他自己，抑或是文学发展史，都是一次不小的进步。为了这篇看上去并不长的文章，钟书颇费了一番心血。考证，研究，定论……没有一件事情是简单的，一点一滴，都需要他用上全部心思。幸好，这份苦心得到了回报，他的名字，越来越多地被众人熟知。如果说在苏州时，钱钟书还只是一位江南才子，那么到了清华大学，凭借着自身的努力，他已经成为了全国都闻名的大才子了。

钱钟书才华和人气都如此出众，自然被《清华周刊》重视和器重。不久，钱钟书就被任命为文艺组编辑。当时的《清华周刊》是众多刊物中最为举足轻重的，别的且不论，以它学术组编辑是吴晗，文艺组编辑除了钱钟书之外还有一位吴组缃来看，这种阵容，几乎是独一无二的。与此同时，钱钟书还兼任了《清华周刊》的英文副刊编辑，可见，《清华周刊》亦是钱钟书的伯乐。在他的人生道路上，是第一个令他从温煦江南走向大千中华的华丽舞台。

在这个舞台中央肆意奔跑的钟书，曾在这段期间写过不少文章，只可惜大多都没有流传下来。如果这些文章得以保存，显然又可以震惊文学界。都记得钱钟书古文写得极好，行云流水，灿若星华，几乎可以同“唐宋八大家”媲美，却没多少人记得，钱钟书的古体诗，亦是写得极好，风流飘逸，又不失沉静端庄，若是比作女子，那定然是梦中才能一亲芳泽的绝代佳人。

之所以不太有人知道钱钟书同样擅长古体诗，只因为他不愿将此事昭告世界。他很厌恶那些会写一点古诗，就急不可待地刊印出来，用来赚钱，恨不能天底下的人都叫他一声大才子的人。钱钟书骨子里，甚是有点儿傲气，觉得这种行为，恰恰证明了自己眼低底子浅。都说钱钟书颇有些恃才傲物，然而却没人想过，他的傲气，是他的生活态度，他有自己的原则和底线，而在所有真正有才华的人面前，他永远都是平和谦逊的。有主见的人，总是值得人佩服的。

诚然，真正才华横溢的人，是烈火淬炼的金子，是暗夜里依旧明亮如昼的明珠，是沉默在幽深小巷里始终令人垂涎的香酒，不会因为低调而被尘埃埋没。时光推移，岁月荏苒，总会有人发觉，在繁华深处，藏着那样一颗柔润骄傲的心。

他在写给父亲的家书中曾写道：如果有一日真打算去刊印自己的古体诗集子，那不用多印，一百册足矣。能够让一百个人读过自己的诗，成为自己的知音，已经太足够了。他最后又极其“狂妄”地写下：“不屑与人争名也！”确实骄狂，确实不羁，也确实有骄狂和不羁的资本。他的傲气，建立在他满身才华的基础上，纵使有人不服，也比不过他，掠不去这风采。

一九三二年三月，某一期的《清华周刊》中发表了钟书的一首古体诗：《得石遗先生书 并示人日思家怀人诗敬简一首》。这首诗，让人看到他的另一面才华，还得到了陈衍，也就是题目中的石遗先生以及罗家伦先生的高度赞赏。若不是还有这首诗的存在，以钟书低调又“狂傲”的性子来说，恐怕也不会轻易将自己的诗作展露在众人眼前。而那时的钱钟书，不过是一介大三学生，可他的声名和学识，早已远远超越了同龄人。

或许那时，他的心，是一座小小的城。书香是填满大街小巷的柳絮，笔墨是林立高楼间随风轻摇的铃铛，有美景，有音乐，看起来和听起来，都是满满的，仿佛一点也不寂寞。可是啊，那些娇艳的风景似水流过去，恍如屋檐下无声的滴雨。他会不会在某一个石榴花开的瞬间，觉得自己的影子好长，好长，被金黄的阳光照得好凄凉。可这只是瞬间的思流，瞬息明灭，如波光泡影，年轻的才子心里，还只容得下自己、梦想和未来，还没有开窍，打开一丝浅浅缝隙，容纳一缕经久不息的月光。

卷三

Chapter·03

恰相逢·遇见『最贤的妻，最才的女』

当爱情的萌芽滋生，天地之间的万物，无论是天边那一钩脆生生的月牙，还是河边如芭蕾舞演员的芦苇，或是伞下淅沥流淌的雨滴，都会美妙如诗。他们的一见钟情，是那样自然。仿佛那是从前生开始就种好的缘分，十几年的各自成长，都是为了在一个美丽的时光奉献一场美丽的相遇。在他们眼中，相爱不过是顺理成章的事情。他爱她，恰好她也在爱着他，这本来就是最纯净的美好。

无锡亦有惜

在电影*Her*里，作为电脑程序员的Theodore爱上了他的程序，一个有血有肉的他，一个比梦更加虚无的“她”，当畸形的爱恋如龙卷风一样突袭而来，Theodore选择了面对和捍卫。虽然这是一段注定失败的爱情，但当电影里它皎然绽放如春花，晕染甜蜜如蜂糖的时候，春天和粉红色泡泡，仿佛堆积了整座电影院。如果忽略这段畸恋各自的真实身份，那他们是令人羡慕的情侣：他一心一意，她则专属于他，彼此聆听，不用害怕心声的泄露——要知道，在这个世界上，真心话最忌讲给活人听。

最令人羡慕的爱情状态莫过如此，紧密的，相互保护的，无须防备也知道对方永无背叛的。于是，这大约也就是钱钟书、杨绛夫妇被后人深记、喜爱、艳羡的终极原因了。

少年时代的钱钟书或许想过，当有一日遇上爱情，他会和神奇的激素撞击出怎样的化学反应呢？他读过无数种爱情的模式，知道这种东西，可以是十年生死两茫茫，依旧痴心不改；也可以是为之生死不明，只盼黄泉碧落天地一隅长相厮守。少年的心里，或许也曾因此微微雀跃。

那时的他，只知道爱情亦是文学世界里的永恒主题，对于他来说，神秘又令人心生向往。可他还不知道，他的爱情，其实早在很久很久之前，就推开了缘分的窗，放出一只名叫姻缘的白鸽。

他的她，同样出生于江南之城无锡。在之后的十几年间，他们各自成长，各自经历人世的风霜与华彩，各自朝着相遇的那一日安静地向前走。他们也不知道，在路的尽头，会有怎样的绮丽相逢。

她是书香门第出身，父亲杨荫杭曾留学国外，是当时的新思想斗士，曾当过审判厅厅长、检察官，而姑母杨荫榆，虽然在许多文学作品中，都以“反面”形象出现，但最后她还是为抗日战争而牺牲了性命。在这样的家庭中成长，毫无疑问，杨绛会成长为一位开明、有主见的新时代女性。但是谁都没有想到，未来的她，会那样光彩夺目，美丽动人，如同春天的山野里，第一道破冰而出的泉流，凝聚阳光的色彩。

那时，她还不叫杨绛，按照族谱，她被取名叫作杨季康。五岁，她随同父母离开无锡，迁居北京，在姑母当校长的女子学校里读书。这段经历并没有给她留下深刻印象，没过几年，她又跟着父母搬回无锡。这时候，父亲生了一场大病，于是大人们决定搬离杨家大宅，换一个地方住，也是换换风水的意思。

而钱钟书和杨绛的缘分，或许正是从此刻开始的。在杨家挑看的宅子中，有一所旧宅，位于留芳声巷，正是钱钟书家出租的。命运，可不正是如此奇妙，仿佛庭院落花，随风飘远，再飘远，直至无踪。在那个落花的瞬间，或许梳着小辫子的小姑娘踩过高高门槛，正遇上了背着书包的敦厚男孩放学回家，各自玩心切切，于是都来不及投给彼此一个好奇眼神，就这样匆匆擦肩。

很久后，他们相遇，相爱，相知，相许，她曾回忆，那座旧宅的门口似乎极其空旷，有两棵大树，墙很高，抹着白粉，在墙的高处开着一个个镂空雕花的方窗。他笑着夸她记性不错，然后又补充说，在门前还有个照墙，很大，在照墙的后面，有一条静默的河流。

可那时的他们并没有相识。在短短相逢后，他们又各自安静无虞地过着自己的人生。他北上，她来到上海，跟着两个姐姐进入了启明女校。那时候，杨荫杭已经离开了官场，担任上海《申报》的主笔。官场的是是非非远离了杨家后，杨绛更觉得自由，何况启明女校的生活，对于她来说，是人生中的一段重要经历。

启明女校是承袭了西方教育方式的学校，这样的学校思想开通，风气自由，并不一味地要求学生掌握知识，而是采用自由快乐的方式让学生自发地意识到读书的重要。因此，在这样的学校中，杨绛像一尾小小的金鱼游入清泉，十分快乐。她成绩一贯是名列前茅的，老师并不常盯着她，于是她的课外时间大都用来读书看报。当时是新文化运动的爆发期，报纸尤其是《新青年》上时常刊登鲁迅、胡适等文人名家的作品，虽然有些文章艰涩难懂，但小杨绛依旧看得津津有味。

她最喜欢和父亲待在一起。彼时，杨荫杭除了担任主笔之外，还是一名律师。父女俩时常躲在书房，也不说话，安安静静的，一个专心钻研案情，一个捧着报纸专注得像个小老头。时光便这样静静流淌，在淡淡的墨香里，父亲头上渐渐添了华发，晶莹剔透的女孩儿也渐渐长成了温柔端方的少女——如同所有人预料和期望的那样，这个孩子出落成了一位大家闺秀，而且是一位新式的大家闺秀，她温和，在父亲的刻意培养下，兼具毅力和主见，还有极强的责任心。

一九二八年，她离开了家，走进了苏州东吴大学，成为了一名大学生。之前，她读的一直都是女校。而东吴大学是一所综合性大学，以往都是招收男生，近几年才开始招收女生。因此，这所大学并没有专门的女生宿舍，甚至在杨绛入学后，女生宿舍也还在修筑中。

其实她最初的心愿是清华大学，然而清华大学虽然已经开始招收女生，却还不招收南方的女孩子。无奈之下，杨绛只好报名东吴大学政治系。

亦舒说过："女孩子最好的嫁妆是一张名校文凭。千万别靠它吃饭，否则也是苦死。带着它嫁人，夫家不敢欺负有学历的媳妇。有自信有能力的女性，到哪里都能够自食其力。"然而，在当时，男女平等的观念并没有深入人心，女孩子读书不过尔尔，读得再好也不能振兴门楣，终究要嫁人，洗手做羹汤。幸好，杨绛出生在一个民主开明的家庭，父亲并不重男轻女，他对几个孩子都是一视同仁，他觉得女孩子更应该有见识。有见识的女孩子不必拘泥于厨房和厅堂，自会拥有一片广阔世界。

在东吴大学的第一年，杨绛同四五个同学一起住在一个美国教授的宅子里，直至第二年，女生们才拥有了自己的宿舍。那是一间十分精致漂亮的小房间，她和另一位同学一同搬入，那位同学稍稍比她年长，两人感情又极好，于是杨绛便叫她"淑姐"。两人形影不离，一同度过了美好的大学时光。她在大学时光里，迅速完成了蜕变，她变得更加美丽、耀眼，浑身上下都迸发出惊人的光彩，这不仅出现在少女美丽的面容上，更出现在她无所不在的活力和魅力上。她参加了学校组织的各种体育活动，人们惊异地看到，在这个小女子的身上，竟然蕴含着如此惊人的爆发力，她迅速蹿红了。

可谁都不知道，她的心里，还揣着一个美丽的秘密。那是一个关于文学的梦，不知在何时成形，或许是在幼时姑母的学校里，或许是在父亲的书桌上，或许是在东吴大学的图书馆里。可总之，她已深深爱上了这个世界。她不曾预料，对那个世界的深爱，将会给她带来另一段瑰丽的爱情。正是那段爱情，使她的人生充盈丰满，使她心里的那朵花永不凋谢；也正是那段爱情，谱写了二十世纪文坛最值得人们追忆的佳话，也造就了一对最动人、最美好的文人情侣。

像一首诗一样相遇

还有什么比跟一位诗人谈恋爱更浪漫呢。当然，那得是一位真正不凡的诗人。当爱情的萌芽滋生，天地之间的万物，无论是天边那一钩脆生生的月牙，还是河边如芭蕾舞演员的芦苇，或是伞下淅沥流淌的雨滴，都会美妙如诗。

钱钟书是一位诗人，他写过这样一首诗：

> 缬眼容光忆见初，蔷薇新瓣浸醍醐；
> 不知靧洗儿时面，曾取红花和雪无？

诗里，是他们的初见。天光微微，古月堂中的少女笑靥如花，信手半立，美丽得好似庭前娇艳盛开的花。不，其实她更应该是一缕九天上流转下来的雾气，飘飘荡荡，如伴着仙乐，悄然出现在他面前，顿时就令他痴了心，生了情。

爱情是什么？千百年来人们都在探寻，在汤显祖《牡丹亭》里，爱情战胜了生死；在电影《时空恋旅人》里，爱情打败了时间；而在钱钟书这里，爱情刹时成了信仰。这是一场注定要诞生的爱情，因为它，他们此前所有的曲折和跌宕都有了存在的意义，仿佛他千里迢迢北上而来，仿佛她放弃了留洋出国的名额选择清华大学，都是为了这场相遇，为了这份爱。

杨绛的母亲曾说过：“她的脚底是拴着月老的红线呢，所以心心念念只想考清华。”是的，杨绛一开始便想要考取清华大学，后来却因为种种无奈选择了东吴大学。在大三的时候，母校的校长曾为她争取了美国韦尔斯利大学的奖学金。然而，在留洋深造和清华大学之间，杨绛还是选择了后者，成为了清华大学的一名研究生。

那一年，她离开了江南；那一年，他还在等待这场像诗一样的邂逅。

清华大学的古月堂原来是清华园主人的书房，自从清华大学开始招收女学生后，古月堂就成了女生宿舍。清华大学有规定，男生不得进入古月堂内，于是便有许多男生驻足在古月堂外，等候着女生从里面出来。而杨绛有一位苏州老乡，便在清华大学读书，杨绛考入清华大学后，这位老乡时常来古月堂找她。

妙不可言的缘分悄然开始了。那日，那位老乡一反常态，并不独身前来，而是带来了一位同学。当杨绛从古月堂中走出，她便看见了他，那个穿着长衫、戴着眼镜的男孩。他也看到了她。他们的眼睛，如同深深的潭水，就在那个转瞬的时光里，将彼此的心深深陷入。从此，他心里再也容不下其他的女子，而她的人生里，就再也无法认定其他人。

后来，钱钟书曾用这样一段话来诠释他们的爱情：一、在遇到她之前，我从来没想过结婚的事；二、和她在一起这么多年，从未后悔过娶她做妻子；三、也从未想过娶别的女人。所谓的一生一世一双人，或许就应该是这个模样，眼里和心里，都只容得下彼此，一旦决定携手，紧握的双手，便不会再松开。

最好的爱情，便是如此。

其实在世人眼里，这段爱情的最开始，并不是一帆风顺的。在当时，也是如此。可是他们都不是畏首畏尾的人，既然在那电光火石的一瞬间，就将彼此认定，那不管多么艰难，都要走到彼此的身边，永不离开。

杨绛的那位老乡，原是钱钟书的表弟，名叫孙令衔。一开始，他并不看好这段爱情。于是给两人泼冷水，一方面告诉钱钟书说杨绛是有男朋友的，一方面又跑去告诉杨绛，钱钟书有未婚妻。其实两桩事都不能说他在凭空捏造，钱家原来是打算同一门远方亲戚叶家联姻的，叶氏夫妇很喜欢钱钟书，而钱基博对这门婚事也持赞成态度，唯一反对的便是钱钟书。而杨绛那头，她生得美，又有学识，家庭出身又极好，追求者如同过江之鲫，络绎不绝，其中有一个叫作费孝通的，追求很是狂热。这位费孝通先生亦不是常人，后来他成为了中国最著名的社会学家之一，名字响当当。可见，杨绛的追求者都是人中龙凤，极其优秀的。

可爱情就是这样没有道理，在茫茫人海里，一眼望见，便是一生。她已经认定了钱钟书，正如钱钟书以为，此生此世除了杨绛，再没有其他女人可以当钱钟书的夫人。他写信约她见面，一开口便是坦坦荡荡光风霁月：我没有未婚妻，没有订婚。她亦是从容回答：我也没有男朋友。他们的定情，就是如此简单干脆，没有一丝拖泥带水，不暧昧，不拖沓，不骑驴找马，爱了就爱了，绝不左思右想，像许多人那样，分明知道爱着谁，却期盼着更好的谁。

在定情之后，费孝通得知消息，约见杨绛。其实在很久之前，他就几乎是恳求地问她：我们做个朋友好吗？杨绛干脆利落地回答他，他们可以当朋友，但是如果他想要用朋友的身份来过渡成男朋友，那不如现在就绝交。她是恩怨分明、干净明了的女子，不爱便是不爱。费孝通怎会不明白她的性情，无奈之下，他只好放弃了这段情。后来，他也成了钱钟书的朋友。

他们的一见钟情，是那样自然。仿佛那是从前生开始就已种好的缘分，十几年的各自成长，都是为了在一个美丽的时光奉献一场美丽的相遇。在他们眼中，相爱不过是顺理成章的事情。他爱她，恰好她也在爱着他，这本来就是最纯净的美好。然而，在清华大学众多学子的眼中，未免却大吃一惊了。

钱钟书虽然是出了名的才子，可那时的他，其貌不扬，长年穿一身青布大褂，甚至穿一双棉布鞋，戴一副旧式眼镜，土气得像是个乡下人，还是个大书呆子。而杨绛呢，那是个美丽秀气的江南女子，有才情，有气质，追求她的人众多。这个钱钟书，何德何能，打败了众多对手，赢得佳人芳心。这个疑问，令清华学子们百思不得其解，怎么想都想不通。

很多人说，爱情是没有理由的。但是，爱情其实是有理由的，任何一段爱情的产生，都不是凭空而来的。他们之所以相爱，并能够温暖地走过一生，没有出轨，没有迟疑，没有一丝一毫的后悔，白头偕老，与子契阔。那是因为，他们深知，只有彼此，才是唯一能够倾听与信任的人。

倾听和信任，是一段完美爱情的基石。他自幼见过的女子也不少，有比杨绛美貌的，也有比她聪明的；而她更是见过许多男子，英俊的，学识渊博的，家产丰厚的，找到比钱钟书更好的，并不是没有机会。但是他们都明白，除却对方，这个偌大的世界里，再也找不到第二个人，可以听懂自己所说的每一句话，可以毫无保留地让自己相信永恒。

所以，他们可以那样安稳地携手一生，即使在钱钟书故去之后，杨绛依旧不觉得孤单。或许，那场爱情的余温，已经足以温暖她的余生。因此，他们的一见钟情和不离不弃，都成为了爱情的楷模和范本，可这爱情，却像是一个传奇，一直有人模仿，却没人能够超越。

执子之手

几乎没有任何过渡和磨合，钱钟书和杨绛两人，一如天生一对的璧人，感情日深。清华大学的花前月下，都倒映过两人紧握着双手的背影。对他们来说，相爱，是一种本能，如同人生活着，需要不断补充饮食那样简单，谁会问为何要进食这种傻问题，正如无人追问，他们为何要相爱。

真正的爱情，会令彼此成为更好的人。钱钟书和杨绛，在几十年的相互扶持中，走过风风雨雨，因为彼此，都成为了比当初更加光彩夺目的人。

钱钟书热爱文学，杨绛也同样喜欢写作。作为大家闺秀出身的才女，她在文学方面的天赋其实是可以与钱钟书并驾齐驱的。进入清华大学之后，她曾选修过朱自清的文学课，而这位老师正是二十世纪写美文写出了一代宗师风范的大家；她也曾尝试过自己写作，写过一篇名叫《璐璐，不用愁！》的小说，这篇以少女爱情为线索的小说，朱自清甚是称赞。后来，这篇小说发表在《大公报》的文艺副刊上，更是受到林徽因的喜欢，于是因她之手，被选编入《大公报·文艺副刊·小说选》中。

彼时，她不过是个二十出头的女孩子，在文学界却已是一颗冉冉升起的新星。美丽的女孩子总是得天独厚，似乎具备无往不利的先天条件，这样一位有才华的美女，更是上帝的宠儿。杨绛，就是这样一位饱受宠爱的女子，她秀美，自主，并有着男人的宽和与才华。后来，钱钟书在《围城》里塑造了一位天然脱俗的唐晓芙，便似乎同杨绛有着千丝万缕的联系。

于是，有人猜测：这位唐晓芙，或许正是脱胎于现实中钱钟书的夫人杨绛。

这种猜测并非是无端而来。钱钟书对唐晓芙的厚爱极其鲜明，她不像书中其他人物一样，总是被作者毫不留情地讽刺讥嘲。钱钟书的笔很是"毒辣"，他写方鸿渐，是懦弱的，卑鄙的，是一个奥勃洛摩夫式的"多余人"；写孙柔嘉，是阴柔的，扭曲的，工于心计的；唯有唐晓芙，清丽得如同一朵刚出水的莲花，天真可爱，仿佛还带着几滴清露，她出现在方鸿渐一塌糊涂的人生里，仿佛是一场梦，一场转瞬即逝的梦，而她出现在《围城》里，更像是一缕云烟，看似同书中的一切格格不入：长相不搭、性情不合、画风不符。可就是这个女孩子，不仅成为了方鸿渐一生的美梦，还深深地镌刻在了无数读者的脑海中。

钱钟书在唐晓芙身上，注入了太多太多的厚爱，仿佛这种厚爱，正是因为她在现实中的原型，是自己深爱着的女子，所以动笔亦轻柔，生怕惊醒了这朵清秀绝伦的莲花。而巧合的是，唐晓芙如同杨绛一般，都是出身律师家庭，她们在大学时，读的还都是政治系。更令人生出遐想的是书中主人公方鸿渐对唐晓芙的朦胧情思，这种隐约的萌芽状态的爱情不好写，很容易就落入俗套，令人嗤之以鼻，可钱钟书写来，却是字字动人，句句生情，将方鸿渐那时的情窦初开，描绘得恰到好处，多一分则假，少一分则浅。这不能不令人猜测，或许，这段心理，正是他对杨绛生出情意时，所有难以捕捉的混乱、惆怅、雀跃、欢喜和婉转忧伤。

在《围城》里，唐晓芙成了方鸿渐一生的痛；在现实中，钱钟书和杨绛，却得以携手一生，白头偕老。说起来，最终促成这对佳人的，不是旁人，正是钱钟书的父亲钱基博。后来有人打趣，说钱钟书都未下定决心求婚，当父亲的却写信去，急不可待地要将儿子托付给未来的儿媳妇了。

那时正值假期，这对小情侣不得不面临暂时的分离。还好，古时有鸿雁传书，今朝也有邮差当红娘。不过是几十天的离别，他们堆积起来的信件却有厚厚一沓。虽然往来信件繁如雪花，其中言语却是言简意赅，精妙无比。看到儿子每日信件往来不断，身为过来人的父亲自然是心中有数。当父亲的，对儿子的心上人无比好奇，一日竟然忍不住，偷偷拆看了杨绛的来信。在他眼中，本以为无非是小儿女的你侬我侬情深意切之语，甜得能把老人家的牙给酸坏，可令他吃惊的是，杨绛却不是这样的小女子，这个女孩子的知书达理，顾全大局，在信中都体现得淋漓尽致，她不只考虑到两人的感受，也想到两家人的感受——没有双方父母祝福的爱情，是不圆满的，他们必须要获得家庭的认可。

她不知道，当这封信被未来公公看在眼中时，她已经获得了他的认可。钱基博甚至亲自给杨绛写了一封回信，信中，他以准公公的身份祝福两人，对未来儿媳的赞美欣赏，亦是溢于言表。有了钱基博的"撑腰"，杨绛终于鼓起勇气，准备带着钱钟书去见自己的父亲。

这双小儿女的心里，未尝没有忐忑。他们都看过太多的经典文学作品，《罗密欧与朱丽叶》里因家仇而牺牲的情侣，《茶花女》

里因身份阻隔而生死相隔的爱情，他们不愿意自己的爱情受到艰难险阻，但也明白任何事情都不可能会那样一帆风顺。双方家庭虽然都是开明的，可当时在男女婚姻上的主流，依旧是遵循古法的“父母之命，媒妁之言”。

后来，事实证明，他们的担心是多余的。两人虽然是自由恋爱，可家庭出身背景相似，都是开明的知识分子家庭，门当户对，钱基博不必说了，这个准儿媳几乎是他出手拿下的；而杨荫杭对钱钟书的才华亦是十分欣赏，两个家庭几乎是没有任何犹疑地，就打算成全这两个孩子，打算当亲家了。一切准备就绪，唯一对两个孩子的要求就是他们还得按照礼节来——三媒六证，先行订婚。

对于这个要求，两人都有点哭笑不得。分明就是他们自己，在茫茫人海中找到了心心相印打算相守一生的人，到最后却回到了老规矩上，得按照礼节来。其实他们心里并不拘泥俗礼，直接结婚也极好。可当钱钟书如此对父亲说时，却被一通教训：古礼不可废，必须得按照老规矩来。

首先照例是求亲。为了这个，钱基博特意吩咐下去，为钱钟书做了一套新衣服，还反复叮嘱，鞋子的左右莫要穿错，这个孩子总是不爱分左右穿鞋子。虽然不在意规矩，可这并不意味着钱钟书不紧张。实际上，他紧张得几乎出汗，坐在准泰山·面前，都不敢抬头，只是盯着双脚的鞋子忐忑不安。令人啼笑皆非的是，两位即将成为亲家的家长，竟然一见如故，相谈甚欢，从古代文学谈到当代文学，又从文学聊到政治，几乎把正事给忘记了。

这场婚事，仿佛是天作之合。一开始，就没有遭遇阻碍，双方家庭都持祝福赞成态度。于是，他们很快在苏州订了婚。订婚宴设在一座饭馆里，浩浩荡荡摆了几十桌，客人之中，不乏名流之辈。可后来，两人提起那场订婚宴，却都是一副茫然的模样。分明是主角，却仿佛置身事外。

杨绛甚至回忆说：“我茫然不记得婚是怎么订的。”这话未尝没有玩笑意味。可记不记得，又有什么重要的呢？重要的是，那个曾因深爱的伯父离去而痛苦不已的小小少年，终于愈合了伤口，穿越时光和人海，循着月老的红线，将属于他的少女寻到。觥筹声影，似锦繁花摇曳如水中涟漪，一切迷蒙如雾色月影，唯一真切的，只有彼此唇角真切纯澈的微笑，还有手中指尖的温度，温热得像是可以温暖一生。

他们都知道，这不是梦，这就是属于他们的一生。

共赴他乡

民国时期的结婚证书上，誓词极其古典美好：喜今日赤绳系定，珠联璧合。卜他年白头永偕，桂馥兰馨。寥寥二十二个字，却不由令人恍然大悟：原来印象之中神圣庄严的婚姻誓词，也可以如此美妙动人，幽雅简洁里，又不失殿堂般的纯净。

婚姻，本来就应该是那样纯净美好的事情。

结发为夫妻，恩爱两不疑。缔结姻缘，便应该此生隽永，彼此永不辜负，然后在静谧的时光里，一同看云卷云舒，漫步清幽森林。若有人不幸先走完所有时光，余下的那个人望穿尽头，便知晓，彼端有一人，诚挚等候，明灭了灯火，点燃了心灯，为还没来的自己，照亮幽径。

一九三三年，钱钟书同杨绛订婚后，他继续留在上海光华大学任教，清华大学还未毕业的杨绛则北上。这场离别是短暂的，因为很快，他们就会迎来重聚的时光。一九三五年，教育部传来了一个好消息，英国退还回来的庚款将会被作为中国青年去英国留学的公费，可名额极少，英国文学只有一个名额。听闻这个消息，一直不曾熄灭的梦想，忽然熊熊燃烧，钱钟书觉得，这个名额是非自己莫属的。于是他毅然报名参加了这次考试。

令人玩味的是，由于钱钟书声名之盛，以致许多学子听到钱钟书报名的消息，便主动放弃了考试。这其中，还有后来的戏剧大师曹禺。结果是所有人都意料之中的，在众多报考者中，钱钟书以八十七、九十五分的高分，独占鳌头，取得了前往英国牛津大学留学的名额。知晓成绩的那一刻，他并没有不真切之感，仿佛这个时刻，他已经筹划了许久，久到好几天后，他才明白，自己真的就要离开祖国，踏上梦想之中的土地——他离自己的梦想，已经是那样接近。

钱钟书决定结婚，带着杨绛一同前往英国，以夫妻的身份，一起踏上那片充满梦想的土地。这个决定同样令杨绛欢呼雀跃。此时，她已快要从清华大学毕业，英国一直是她心仪已久的国度，更重要的是，她可以陪伴在他的身边，以妻子的名义，形影不离。这对于任何一位深爱着自己丈夫的妻子来说，都是一件幸福到极致的事情。婚礼水到渠成，顺理成章。初遇的那一刻起，他们就知道，彼此才会是自己共度一生的眷侣。古话说得好，成家立业，到底是要先成家，才能毫无后顾之忧地去创造一番事业。

钱钟书等不及了，一切时机都已成熟，他已迫不及待，想将心爱的姑娘迎娶回家，然后带着她共同踏上未知的国度。不只是他，她也觉得这等待，一分一秒都是漫长的煎熬，能够和心上人一起去实现梦想，那是多么好的事情。她甚至等不及毕业，提前一个月就写好了论文，申请毕业，她都顾不上和朝夕相处的同学们一起穿上学士服，享受毕业的胜利。

后来，杨绛自己回忆起这段时光，觉得当初那个匆忙急切的自己，真是可爱得紧：

我在清华大学研究院肄业。一九三五年钟书考取英庚款赴英留学，我不等毕业，打算结了婚一同出国，那年我只有一门功课需大考，和老师商量后也用论文代替，我就提早一个月回家。我立即收拾行李动身，不及写信通知家里。我带回的箱子铺盖都得结票，火车到苏州略过午时，但还要等货车卸下行李，领取后才雇车回去，到家已是三点左右。我把行李撇在门口，如飞地冲入父亲屋里。父亲像在等待。他"哦"了一声，一掀帐子下床说："可不是来了！"他说，午睡刚合眼，忽觉得我回家了。听听却没有声息，以为在母亲房里呢，跑去一看，阒无一人，想是怕搅扰他午睡，躲到母亲做活儿的房间里去了，跑到那里，只见我母亲一人在做活。父亲说："阿季呢？"母亲说："哪来阿季？"父亲说："她不是回来了吗？"母亲说："这会子怎会回来。"父亲又回去午睡，左睡右睡睡不着。父亲得意地说："真有心血来潮这回事。"我笑说，一下火车，心已经飞回家来了。父亲说："曾母啮指，曾子心痛，我现在相信了。"父亲说那是第六觉，有科学根据。（杨绛《回忆我的父亲》）

那年七月，流火的日子。钱钟书当上了期盼已久的新郎，而杨绛则披上婚纱，成为了娇羞的新娘。婚礼很是隆重，分成两场，迎新娘的那场是西式婚礼，新娘穿婚纱，戴着长长的白纱，小小花童一脸严肃，捧着长拖尾不苟言笑。她像是一个公主，就这样纯洁而美好地慢慢走来，走到他的身侧。鼓乐声起，傧相来客大声地起哄，他们在遍地的鲜花里鞠躬，行大礼，在庄严神圣的祝福下，为彼此戴上戒指，扣牢彼此一生。

将新娘从苏州迎到无锡后，行的又是中式婚礼。夫妻拜天地，拜高堂，送入洞房，一样样都是照着老规矩来。至此，杨绛正式成为了钱家的媳妇，钱钟书的妻子。从此刻起，不管是从心灵上，还是从法律上，他们都已经是正式的夫妻，彼此的唯一，一生一世的伴侣。

他们来不及缱绻，因为有更紧要的事情还在眼前，出国的准备十分烦琐，需要耐心。钱钟书是公费留洋，杨绛作为夫人，则是自费出国。但手续都不简单，他们花了好些工夫，一番周折后终于踏上了前往英国的轮渡。

似乎能够勾勒这样一幅画面：夕阳微垂，柔软的金色光芒仿佛有淡淡的绒毛，挥洒在人们身上，远望去，定格如剪影。轮渡上的那双璧人，相互依偎，他们身侧，不断起落着雪白的海鸟，海水蔚蓝如宝石，深深的，幽幽的，被轮渡荡开圈圈巨大的涟漪。码头上送行的亲友遥遥目送，在他们眼里，渐渐虚化成渺小的点。而展眼的前方，似乎能够看见泰晤士河上悠闲行走的小船，听见大本钟悠长悠长的钟声，迟缓而优雅。

远处，天水融化成一线，金红颜色此时无比庄严肃穆。或许，两个人的心里都激起了澎湃的浪花——壮丽的未来正在他们眼前，如三十六州江山图徐徐展开。他们还年轻，未来正是属于他们的。纵使，那个未来会有烈火灼烧的伤痛，有冰雪弥漫的严寒，甚至有无数未知的黑暗狂潮，可只要胸臆之间还燃烧着梦想的火焰，只要他们的双手还紧握着，那这未来，不管多么遥远和漫长，总有那一天，会被他们征服和打败。

卷四

Chapter·04

身远游·在世界的彼岸

生活美妙与否，其实不过是心中的一念之差。心里阳光暖气四溢，苦涩的清炒苦瓜也觉得清甜可口；倘若心里暗色涌动，纵使熊掌、燕窝、鱼翅，满汉全席在侧，依旧食之无味。懂得生活的人，会去发掘寻常中的优雅：水泥钢筋里钻出的一朵小黄花，天角一片凑成心形的云彩，甚至只是衣角上沾来的一支蒲公英，都会令人觉得生活无限美好。钱钟书和杨绛都是善于生活的人。

献给牛津的半颗门牙见面礼

很长的一段时间内，英国站立在世界的巅峰，骄狂而无比喜悦地自称“日不落帝国”。中国的民国时期，正是大不列颠帝国的辉煌时代，这个帝国给中国带来的影响是巨大的，不论是政治、经济，或是文化。之于钟书，那是一个梦想的国度，很久以前，他就明白自己终究会穿过茫茫的碧海，抵达那片理想国土。更幸运的是，在追梦的旅途上，他始终不寂寞。

一九三五年，钱钟书带着新婚的妻子，从上海码头出发，搭船前往英国。他们来不及度蜜月，在轮渡上的几个月，便过得如胶似漆。虽然两人并不同舱，但一个眼神一个动作，都是心有灵犀。这艘轮船，乘风破浪，穿过了红海，途经苏伊士，抵达地中海，最终停泊在了目的地——英国。

钱钟书站在甲板上，提着行李箱，随着人流走动，目光却落在这片异国的土地上，那是一些只出现在照片、文学作品中的风景：尖尖的塔顶，停落起伏的飞鸟，码头上人来人往，满大街都是金发碧眼的迷人风情。这里，和故国是多么不一样啊！连空气流淌的味道，落叶飘下的声音，都是那样不同。他渐渐升起一种百味杂陈的情绪，连自己亦说不清道不明，那究竟是一种怎样的情绪。

苍茫里，忽然有一只温柔的手，静静地握住他的手。钱钟书知道，那是妻子给他的鼓励和信心。是的，在这片陌生的土地上，他并不是在孤军奋战。于是，他缓缓回过头，绽开笑容。

新婚燕尔的小夫妻俩下了轮渡，踏上了这片异国土地，当他们真实而坚定地走进这个国家时，淡淡的紧张和茫然终于渐渐消散。他们还在这里遇上了著名的地质学家李四光先生。他乡逢故人，自然格外亲昵，于是三人约好了共进晚餐。晚餐设在一所别有格调的餐厅，烛光、音乐，充满异乡风情。席间，李先生举起酒杯，玩笑似的称杨绛为钱夫人。夫妻俩都轻轻笑了。多么幸运，以我之姓，冠你之名，在有生之年，能够紧密相依，百年之后，依旧同归故里。

如此，他们人生中的第一个家就安在了英国。刚开始，他们住在老金家当租客，杨绛留在家中收拾屋子，钱钟书则赶去牛津大学报到。他有点等不及，想看看这所梦想中的大学，究竟是什么模样。

牛津大学和普通大学不同，这是一座城市和学校融为一体，毫无壁垒的地方，街道穿过校园，校园横过居民区，没有巍峨浩荡的校门，也没有高高垒砌阻隔世人的围墙。钱钟书坐在公交汽车上，看见苍老古朴的石墙上爬满了绿藤，枝叶蔓蔓里，隐约可见星星点点的红花，怒放如火。远处，茫茫雾气里，建筑的尖顶时隐时现，一如童话里的纯净模样。

这就是他们接下来要生活和追梦的地方。钟书忽然想起，自己还在清华大学时，教英文的叶公超先生就曾直言说他不应该来到清华大学，而是应该去牛津大学。不想，经年后，此话成真。看来命运造化，都别有一番因缘。牛津大学是他的追求，冥冥之中，亦是他的宿命。可就算是钟书自己也没料到刚刚踏上牛津大学土地的自己，就给它送上了一份“大礼”——他在下车时重重摔了一跤，很是厉害，摔出了一嘴的血。

他只好搁浅原来的计划，先行打道回府。一路上用手帕捂着嘴，可血流得厉害，舌头上满是血腥味，等回到家中，杨绛替他拿下来一瞧，手帕上已经都是血，血里还裹着一颗断牙，显然这一跤摔得极狠。初来乍到，还不知道去哪里看医生，杨绛也有些手足无措。所幸同住在老金家的，还有两个单身男子，一个姓林，一个姓曾，都是医生，他们为钱钟书看了看，便建议他们赶紧去找牙医，将断牙拔下来，等到伤口愈合再镶上假牙。

这段故事后来被传为趣事，连杨绛后来提起时也啼笑皆非。但这只是两个年轻人初到英国时的小插曲。与一个国家的文化融合自然是不容易的，有契合的时候，也有不习惯的时候。夫妻俩在国内都是出生于优越的家庭，自小有些娇惯，难免吃了一些苦头。还好，他们都没有放弃，而是在一路艰辛中，不断成长。

刚到英国时，两人发生的小事故还不算少：有次杨绛出门忘带钥匙，不得已只能从窗子里爬进来；还有一次，两人悠闲自得地喝个下午茶，居然喝成了煤气中毒，幸好钱钟书提前离开，而杨绛感觉不对，连忙开窗呼救，才没有酿出大祸来。

租住在老金家的那段时间，生活过得还算舒适。因为这是一所食宿全包的寄居地，并不用他们来做家务。然而，作为传统的中国人，英国的传统食物却让钱钟书非常不习惯。奶酪、牛排、玉米浓汤……这些西餐吃上一两次倒觉得口味新奇，但是将它们当作一日三餐甚至是几年的主食，习惯了豆浆、油条的肠胃，未免开始怀念起米饭菜肴的味道。何况，老金家的服务品质没有始终如一，随着时间流逝，饮食越来越差。钱钟书渐渐消瘦了下去。这种情况，杨绛看在眼里，疼在心里。她终于鼓起勇气来，决定从老金家搬出去，自己亲自下厨照顾丈夫的饮食起居。

她开始偷偷寻觅合适的寓所，牛津小城的街头巷尾，都留下了她的足迹。为了不让丈夫为这样的生活琐事分心，她并没有同钱钟书商量，而是独自奔走。幸福的钱钟书在他的世界里，如鱼得水。牛津大学是世界上的顶尖大学，它同剑桥大学一起，几乎瓜分了英国名人册。不仅是英国人，就连全世界的留学生们，也削尖了脑袋想成为牛津大学的一分子。牛津大学每年都会为海外的优秀学子们保留少数名额，钱钟书正是少数的幸运儿之一。他在牛津大学的学院叫作Exeter College，是牛津大学三十多个学院中，历史最悠久的几个学院之一。

牛津大学有一个特色制度，即导师制。在每位学生刚入学时，学院就会为学生指定一位老师作为他的导师，由这位导师来安排指导学生的学习、生活，甚至品性。在中国，大学里最为重要的事情是上课，在这里则不然，学生们可以凭自己的喜好去任意一个课堂听课，如果有事，不用上课也不打紧。唯一必须要求的就是每周同导师的谈话，这是雷打不动的。每次谈话，导师都会给学生布置书目，要求阅读，而下次谈话的话题，就将针对这些书而展开。这种制度，显然对培养学生的自主阅读能力十分有帮助。在同导师的对话中，导师已经起到了“传道授业解惑”的作用，而学生的品性、心理状态，导师也能够有所了解，这无形当中，还促进了师生关系。许多牛津大学的学生在毕业之后，还能同自己的导师保持密切联系，这同导师制的建立，是密不可分的。

至此，钱钟书已经基本适应了学校里的中西方文化差异，相比较来说，他也更喜欢现在的学习方式。在清华大学，他是一名优秀学生，到了牛津大学，也同样不居人下。他的导师名叫布莱特·史密斯，一周约见两次，可以谈话，也可以授课。除了导师的课外，钱钟书也经常去旁听其他学院的课程，只要感兴趣的，便有所涉猎。学业对他来说，一向都不是什么难以攻克的难关。

牛津大学，是钱钟书一生中最好的时光之一。在这里，他完成了人生的蜕变，从一个青年，走向了成年。他将他的时间，用在实现梦想的路途上，一步一步，逐步接近。实现梦想并不简单，成功总要有换取的代价，就像他献给牛津的那颗断牙，给他带来了痛和血。然而，伤口愈合之后，他依旧可以拥有一个灿烂微笑，拥有一片艳阳天。

爱情的结晶

在漫长而短暂的人生中，一个人总要扮演多种角色。从受人呵护的孩童，到为人夫为人妻，其次为人父母，一个台阶，一个台阶地走上来。这种转换，是顺次的。尽管如此，依旧有人从容淡然，有人惊慌失措，有人甚至猝不及防地撕破温情。或许，生活就是在这样不断转换中狰狞、磨合、积累，直至水平如镜。而爱情，有时会在这种转化中遍体鳞伤，心冷成灰，有时，也会因为血缘的融合，而甜蜜更胜往昔。

钱钟书和杨绛，这一双拥有生活智慧的强者，不只是学业的集大成者，更是爱情中的最大赢家。在遥远的故国，他们决意携手；在茫茫的他乡，他们闯过了一道又一道的难关。这些风风雨雨，没有使他们失散，反而令他们的手，相握得更加紧密和从容。

清华大学的图书馆是两人的天堂，而牛津大学的图书馆更是两人的世界。钱钟书将这座图书馆称为饱蠹楼。饱蠹楼的图书并不外借，所幸楼中有一行书桌，供人阅读。杨绛作为旁听生，也占据了一张桌子，她给自己制订了一系列读书计划，按照文学史上的顺序一部一部读名家名作，读完了还要阅读相关的文艺理论，在这样的学习过程中，她的知识水平几乎是飞速增长的。钱钟书更是将自己所有的课余时间泡在图书馆中，他涉猎极广，文学、历史、哲学、心理学……样样精通，他延续了清华大学时期的习惯，每阅读一本，就会做详细的读书笔记。这些都为他后来成为学贯中西的学者，打下了坚实的基础。

正如再厉害的高人也会有罩门，再优秀的学者，也有薄弱之处。钱钟书的弱项在于古文字学，这门课很是令他头疼。期末考试时，这门功课他考了不及格。后来，有人说此次挂科是因为钱钟书当时沉迷于侦探小说，所以不得不在下学期重新补考。这种说法未尝有点可笑，此事杨绛也有所提及，她说那是她第一次看到钟书有那样勤奋的时候，他每天都沉浸在那门叫“版本和校勘”的课程里，身心俱疲，只能用每天看一本侦探小说来缓解身心。其实这并不能成为责备钱钟书的理由，人无完人，每个人都有长处和短板，作为文学家，钱钟书已经足够优秀了。

此时，他们已经搬离了老金家，搬入达蕾女士家的二楼。这里是杨绛无意中发现的出租房，有一间起居室，一间卧室，两个房间外面，还连着一个大阳台，阳光充足，光线极好。从窗台望出去，视线里是一片连绵花园，绿草茵茵，到了花期，鲜花喷薄怒放。杨绛最喜欢专用的洗手间和浴室，在老金家时，这些都是公用的。作为妻子，她自然最钟情的是终于有了独立的厨房，这样，她就可以为钟书的饮食下点苦心。钱钟书也非常喜欢这里，他喜欢的是这里的地段，交通方便，离校园和图书馆都是极近的，对门便是一个修道院，环境十分幽雅清静，不论是生活还是阅读，都比原先的更合适一些。

在这套寓所中，杨绛学会了用电炉和电壶，娇生惯养的大家闺秀千里迢迢远渡重洋，在异国学会了烹饪，专心当一名小娇妻。她认真请教，细心回顾母亲的做菜手法，终于为丈夫烧制出一道十分成功的红烧肉。自此，主妇天性一发不可收拾，直至将做午饭当成了专业，日日洗手做羹汤。就在日子慢悠悠地过着的时候，上苍正在给两人准备一份精美礼物，而这份礼物，将要赋予两人一个全新的身份，那是只能亲身经历，无法从书中身临其境的骨肉之情。

《小妇人》里有这样一句话：到了盛夏，美格有了新的经历——女人一生中印象最深刻、最充满柔情的经历。为人父母，有了新的责任，也有了新的爱，自此，从他呱呱坠地牙牙学语，从他身量见长轮廓渐明，从他初尝人世心性落定，做父母的，一颗心再也没有平静的时候，总要为他欢喜、忧伤、惊惧、祝福。可一切，都是天性使然，浑然是甘之如饴。

钱钟书得知他就要成为父亲，是在杨绛从巴黎返回牛津的路上。这旅途一路颠簸，加之妊娠反应，杨绛未免有点体力不济。可她心里依旧充满了喜悦，仿佛一个神圣而重大的使命，只能由她来小心翼翼地完成。钱钟书得知消息，简直欣喜若狂。这是一个全新的身份，让他充满期待。他年龄不大，但是在那时候，早有许多同龄人当了父亲，他还是第一次尝到成为准爸爸的快乐，心里自然格外兴奋。

这个还没出世的小生命，是被父母满满的爱和期待迎接着来到世界上的。他们时常想象这个孩子的模样，是男孩还是女孩？长得漂亮还是寻常？聪明还是平庸？其实怎样都好，都是他们爱情的结晶，承载着他们的希望和深爱来到他们生命里的孩子，只要健康平安就好。年轻的准爸爸早早就在牛津妇产医院订下了房间和接生医生。医生是院长推荐的斯班斯大夫，巧的是这位女医生同他们住在同一区，她的诊所就设在家中，交通方便，风景也美。杨绛一开始每个月去检查一次，后来增加到两周一次。斯班斯大夫告诉他们，婴儿的发育良好，预产期可能是在国王加冕大典那日，这很可能会是个加冕日宝宝。未料，医生的预测有点失误，这个宝宝性子温缓，硬是在母亲腹中多停留了十几天。

直至杨绛入院观察后几天，这个孩子才懒洋洋地来到人世。这次分娩给杨绛的感受并不特别痛苦，她甚至可以在产床上看小说。为了确保婴儿安全出世，院方无奈之下，为杨绛实施了麻醉，这才将婴儿迎接出来。但是因为在产道中待了太久，缺氧的关系，小小的婴儿被憋得浑身青紫。经验丰富的护士赶紧拍了拍孩子，她才号啕大哭起来。她的声音嘹亮如歌，为她接生的护士便给她起了个名字叫作Miss Sing High，杨绛将其意译为“高歌小姐”，音译则为“星海小姐”。

这个小姑娘后来被她的父亲取名为钱瑗，小名阿圆。阿圆刚出世时，杨绛因为手术和麻醉的关系，在病床上昏睡了好久，钱钟书奔波在学校、家中和医院里，来探望了六次，都没能同妻子说上一句话。直至第七次他来的时候，杨绛终于苏醒过来，好心的护士还特意将阿圆从婴儿房里抱出，让这家人好好团聚一下。初为人父的年轻人抱着新出生的女儿，喜悦之情溢于言表，他高声地对旁边的人说：这是我的女儿，我喜欢的！

那时，他骄傲得像是拥有了整个世界。

这是一个父亲，对刚来到这个世界的女儿最诚挚的欢迎。后来，杨绛将这句话告诉阿圆，已经长大成人的女儿，隔着逝去的时间，依然感受到那份浓浓的爱，十分感动。

那时，他抱着软软的小婴儿，她眉眼细腻，看上去长得像杨绛，似乎又很有自己的神态。基因是那样奇妙的东西，糅合了两人特征融合成一个新生命。他的心中，柔软得像是塞满了棉花糖，庄严而感恩，感谢妻子，感谢小女儿，也感谢上苍对他们一家的温柔以待。时至此时，他此前不觉得，而现在却终于发现，自己的生命终于真正得以完整了。

写意时光

英国是一个富有诗意的国度：伦敦是喜欢落雨的城市，曼彻斯特是个钟情捣蛋的调皮鬼，而牛津小城，是静谧森林里的蜿蜒小河，洒满粼粼的月色柔光，宛如河流深处，沉淀着无数闪烁的各色宝石。在这座安静悠闲的小城里，钱钟书一家三口，惬意地享受着生活中的种种美妙。

一念为神，一念为佛。生活美妙与否，其实不过是心中的一念之差。心里阳光暖气四溢，苦涩的清炒苦瓜也觉得清甜可口；倘若心里暗色涌动，纵使熊掌、燕窝、鱼翅、满汉全席在侧，依旧食之无味。懂得生活的人，会去发掘寻常中的优雅：水泥钢筋里钻出的一朵小黄花，天角一片凑成心形的云彩，甚至只是衣角上粘来的一粒蒲公英，都会令人觉得生活无限美好。

钱钟书和杨绛，都是善于生活的人。

在女儿阿圆诞生之前，杨绛就包办了午餐，作为弥补，钱钟书则负责早餐。这个不成文的规定，在这个三口之家一直保留了下来。小两口搬入达蕾女士家二楼的第一天，习惯早起的钱钟书便起身，为爱妻炮制一餐英式早点。他刚刚从英国的同学那里学会了冲茶，英国人酷爱红茶，红茶没有绿茶清冽，却自有一种浓香甘甜，钟书将这手艺学得十分成功。他冲好了一壶红茶，又烤香了面包，热好了牛奶，还准备好果酱、黄油、蜂蜜等小食，亲自用托盘送到杨绛床头，宛如精心伺候公主的英俊骑士。

从此，早餐成了钱钟书在家中的专职工作。每当他将早餐送来，总是会得到娇妻表扬。两人亦是乐得如此，其中情趣如画，缱绻温柔，从一个笑容一个眼神中就不言自明。

钱钟书时常忙于学业，作为自费生的杨绛却不必如他一样忙碌，小主妇在完成一天的学习和家务后，便开始翻着一本杨荫杭从国内寄过来的《元曲选》，自娱自乐。她素来喜欢音乐，尤其是古典音乐，可身在国外，这种音乐自然不可求，于是爱女心切的杨荫杭便寄来了《元曲选》，以供女儿自己唱一唱，过一过瘾。在钱钟书后来的诗里有一些“欲调无筝，欲抚无琴”、“咏歌不足，丝竹胜肉”的句子，或许说的，就是此时的生活。

那时阳光正好，气流里有淡淡的青草味和芬芳花香，光线和芳香像是一股暖流，尽数流淌到那个象牙白的阳台上。温婉美丽的小妻子坐在碎花软椅上，指尖轻轻落在泛黄的书页上，口中咿呀婉转，轻轻的，柔软的。他悄悄地放下书，走到妻子身后，忽然抽出她手中的《元曲选》，大声读，一面读还一面手舞足蹈。妻子连忙来抢，却被他左右躲闪，终不能得逞。这嬉闹下来，两人都笑得肚子疼，几乎双双跌坐在椅子里。

素日里的钱钟书，在老师和同学面前都是一副沉稳模样，唯有到了杨绛面前，却时常淘气调皮，要来逗一逗小妻子。大概是所谓的亲疏有别，人们总习惯将最自我真实的一面暴露在最信任亲近的人面前，却将最客气成熟的样子行走于这个世界。又有一句话说至亲至疏夫妻，虽然夫妻可能是天底下应该最亲密的人，但是夫妻同样是最容易疏远的关系，心冷了，远了，终究回天无力。幸好，钱钟书和杨绛，一直以来，都是模范夫妻的典范。

阿圆出世之后，初为人父的钱钟书忙得三点一线地跑。忙乱里，一向在生活里有点“迂腐”的他就更容易犯错了，要不是打翻了墨水瓶子，将房东家的桌布搞得一塌糊涂；要不就是弄坏了门，打碎了台灯。各种乱七八糟的小差错层出不穷，杨绛那时还在月子中，当钱钟书赧然地告诉她这些事情，她总是好脾气地安慰他：没事的，桌布她会来洗，门和台灯她都会去修好的。她像是丈夫身后最坚硬的后台，一直给予他十足的底气。所谓贤内助，正是如此。

有妻如此，夫复何求？杨绛用她的整颗心温柔以待，钱钟书同样深情回应。待到妻子出院回家时，他已经在家中熬好了鸡汤，汤里还加了她喜欢的嫩蚕豆，这玩意儿可并不好剥，鸡汤很浓，很鲜。而几天后，她果真将他的小差错一一修正回去。

光阴如歌，无声里渐次流淌。牙牙学语的小儿已学会上蹦下跳，地中海吹来的煦风也吹了一季又一季，很快，钟书在牛津大学的时光也即将接近尾声，在通过了所有科目的考试后，他立即着手准备毕业论文。论文是毕业前的一道坎，虽然最后基本上都会通过，但撰写过程却难免要蜕掉层皮。尤其是牛津大学这样的世界名校，对毕业论文的要求就更为严格了，首先得是别人没有研究过的题材，其次必须是在有限的材料中去发现新问题，学生们不得不去独立思考，自己挖掘真相。

一开始，钱钟书为自己的毕业论文定下的题目是《中国对英国文学的影响》，然而这个题目首先就被他的导师否决了——当时的英国还放不下它的“日不落帝国”的架子，自然不能允许这样的论文出现，其实若是这篇论文写成，无疑会对日后文学研究产生重大影响。无奈之下，钱钟书只好将题目改成《十七世纪及十八世纪英国文学中的中国》。他颇下了些苦功，查阅了许多资料，苦心经营，终于写完了这篇论文。又经过好几次修改后，这篇论文终于定稿，获得通过，被装订成册，由牛津大学图书馆收藏在馆。后来，钱钟书回到中国，于国立西南联合大学任教时期，曾将这篇论文的打印稿交给《中国图书季刊》的主编袁同礼先生，这片论文也得以发表在《中国图书季刊》上，同许多中国读者相见。

甚至，据说英国女王伊利莎白二世在一九八六年访问中国之前，还特意派专人从牛津大学图书馆中调出这篇文章进行阅读。可见，这篇论文的影响力颇为不寻常。

在这片异国的天空下，钱钟书完成了人生中的许多重要步骤：丈夫、父亲，还有从一个学识渊博的学者，变成了一个眼界开阔的中西文化集大成者。身在中国，虽然许多知识可以从书本上获取，可是无论如何，许多事情都需要自己去亲自感知和了解。所以，他走出国境，越过碧海，伸出双手，去触摸和拥抱一个全新的世界，他真正感知了西方文明，像是一个孩子，如饥似渴地去挖掘、获取、融合。经受文明洗礼的，不只是他的头脑，还有他的灵魂。

白鸽展翅，跃过一个又一个童话般的塔尖，教堂的钟声掠过粉色的风信子和馥郁的玫瑰，雨点斑驳，轻轻敲击着透明的窗，留下淡淡的水痕。美得不似人间，可其间流淌的歌声和气息，分明又是世上。在这座宛如天堂的小城里，窗外下着雨，他心里燃着炙热的梦，仿若朝阳，坚定地向天空中心进发。

钟书君归来

隋朝时，有这样一首满是凄楚之意的民谣：“杨柳青青著地垂，杨花漫漫搅天飞。柳条折尽花飞尽，借问行人归不归?”思乡，如同思慕之情，是古诗里永恒的主题，李青莲也写过这样的诗句：“渡远荆门外，来从楚国游。山随平野尽，江入大荒流。月下飞天镜，云生结海楼。仍怜故乡水，万里送行舟。”

游子身上衣，临行密密缝。游子孑然的心，漂泊在外时，却只能借着同一轮明月清光，遥遥寄托思念。在英国度过的两年里，钱钟书顺利完成了学业，按理说学成理应归国，但是钱钟书却没有即刻搭上归国的轮船，而是踏上了前往巴黎的路途。他何曾不思念故国，故土的草木风情，无时不刻不在他心头萦绕，可是时机还不行，他还想要再看一看，走一走，再触碰这世界的脉搏，再让自己成为更优秀的存在——那时归去，想必比如今更有意义。

与牛津大学结缘，是源于教育部给出的名额，这次，钱钟书和杨绛选择了巴黎大学，这其中也有杨绛对法国文学尤其感兴趣的原因。那是欧洲最古老的几所大学之一，前身原是十三世纪建立的索邦大学，巴黎大学原来就是索邦大学中的神学院，由于这层关系，几百年来，巴黎大学同教皇和国王的关系十分密切，在欧洲名望深远。早在牛津大学时，钱钟书夫妇就已经通过杨绛的同学向巴黎大学申请注册，但由于种种原因（大约是国际形势日益严峻，两人随时有可能被断绝资金流落异国的危险），他们最终没有注册成功，只是去巴黎大学上课，这不能不说是钱氏夫妇人生中的一大遗憾了。

那一年，钱钟书和杨绛带着还不满三个月的小女儿阿圆搭乘火车前往伦敦，然后上船来到巴黎。旅途颠簸劳顿，幸好阿圆乖巧可爱，一路上基本都在熟睡，加之杨绛慈母情怀，心细如尘，将女儿照顾得极好。周围旅客基本上都是金发碧眼的欧洲人，难得见到黑发黑瞳的一家三口，尤其是那个睡在襁褓之中的小小婴儿，柔软娇憨的。因此，这一路上还不解人事的阿圆便收获了许多赞美，年轻的母亲抱着女儿，听着旁人不断的溢美之词，心里自然无比愉悦自豪。

在这里，他们没有遭到周围旅客的冷遇。普通民众基本上都是善意的，愿意用善良来包容接纳每个人，不管他们是来自日本还是中国。若是能够始终和平相处，像朋友一样体谅、宽容、拥抱，那么世界上的硝烟和泪水，就会减少许多，许多。

巴黎的友人早早就为夫妻二人租赁了公寓，新家坐落在巴黎郊区，距离巴黎只有五分钟路程，房东是个典型的法国女士，优雅得有些将时间当儿戏。公寓是包伙食的，比起牛津的老金家，伙食好得几乎有云泥之别，唯一令钱氏夫妇头疼的是房东夫人法国情调太过浓厚，饭菜虽然色香味俱全，却是按照正式酒宴一般一道一道上菜，吃上一顿饭竟然要花费两个钟头，时间成本实在太大，对于两个热爱读书的知识分子，这实在是不堪忍受。因此，不久后他们就不再参加房东的集体伙食，继续如在英国一般自己解决伙食，一回生二回熟，对于做饭，两人早已是熟能生巧。

他们安顿好之后，很快完成了入学手续。巴黎大学和牛津大学的治学气氛大相径庭，这同两国人的性情也有很大关系。英国人向来严谨、细致，而法国人则偏向浪漫、松散，很是有一种潇洒不羁之气。能够体会两种截然不同的学习氛围，亦是钱钟书的幸运。

这座以法国首都命名的大学同法国人一样，参天挺拔的橡木林，连绵成绿海的草地，长长的林荫小道上开满了书店和咖啡馆。这里的学生比起上课来，更喜欢聚在一间小小的咖啡馆里自由讨论。而且巴黎大学也没有固定的餐厅和宿舍，不像牛津大学要求学生一周里一定要在学校食堂中用餐四五次，巴黎大学的学生需要自己解决食宿问题。纵使是上课，如果老师迟到或拖堂，学生完全可以直言要求下课或是自行离开。自由主义十分浓郁，个性色彩也就更加鲜明。巴黎对钱钟书的影响是十分巨大的，直到他写《围城》，直到他深有感触地说出“巴黎大而世界小”这句话，都可看出巴黎在他心中，是举足轻重的。

他来巴黎不是为了成为一名旅途上的游客，而是为了充盈梦想来的。因此，在经历最初的不适过后，钱钟书重新投入了书海之中。从十五世纪开始，他按照文学史，精心列出了书单，涵盖不论是有名的还是一带而过的作家。他真的按照书单一个一个地读了下去。巴黎大学的图书管理员都十分吃惊，这个中国小伙子每次都是带着一大摞书走，没过几天又将先前的书还回来，然后又带走了一堆书。在他借阅的书里，有英文、法文、中文，甚至是意大利文，但他读起来毫无阻碍。

他是语言的天才，在国内时就已经精通多门语言，而留洋生涯，更令他的语言能力焕发奇彩，到了巴黎，他的法语口语在有意识的学习下，没过几个月就变得像正宗法国人一样字正腔圆，柔滑温和。据说，这一口法式口音是钱钟书在菜市场学会的，他每天早晨去买菜，同小商贩们讨价还价，不久之后，在这最富于生活气息的地方，就锻炼出了他一口流利的法语。

在巴黎的一年，是钱钟书埋头苦读的一年，亦是惬意的一年，却同样也是思乡的一年。这些因时间而淡去的痕迹，都可以在钟书的诗中窥见容貌：

万点灯光夺月光，一弓云畔挂昏黄。
不消露洗风磨皎，免我低头思故乡。

电光撩眼烂生寒，撒米攒星有是观。
但得灯浓任月淡，中天尽好付谁看。

漂泊在外的游子，无时不刻不思念着自己的母亲，自己的祖国。尤其是当游子听到祖国蒙难，心中忐忑忧惧，恨不能立刻回到那片熟悉的土地上。这时，在欧洲的钱氏夫妇又得到国内传来的消息，说杨绛的母亲在逃难中不幸去世，两人更是归心似箭。刚刚成为母亲的杨绛，悲痛万分。局势正在不断恶化，法西斯战争已从亚洲渐渐转向欧洲，这片平静优雅的土地终究也逃脱不了战火的燎烧，巴黎街头，也出现了武装警备和大大小小的哨所，国难当头，已经无法容纳闭门专研的平静。钱钟书夫妇毅然决定回到故国，纵使战争全线爆发，作为祖国的儿女，他们也要回去守卫这位母亲。

船票并不好买，局势紧张，样样东西都相当紧俏。经过多方辗转，他们才终于拿到回国的船票。这时候，女儿阿圆已经学会了讲话，他们搭乘法国邮船阿多士二号，踏上了归国之路。出国的时候，钱钟书和杨绛还是新婚燕尔的小两口，归国时，怀中却多了一个天真可爱的小女儿。其实升级的何止是人生角色，如果说在清华大学时期的钱钟书，是一口深井，清澈，但谁都不知道井底究竟在哪块溜滑的黑石下；如果说牛津大学中的钱钟书是一汪碧荷，千顷的潭水，渺渺，飘然，如世外仙人一样超脱不凡；那么此时的钱钟书，在多年的日积月累中，已将点点滴滴汇聚成海，浩瀚，广袤，有容乃大，荡荡无际。

这位知识如海的学者，正怀着深深的爱国眷恋破浪归来。离开才知珍惜，失去方知可贵，远在异国他乡的思念，令钱钟书深深明白祖国在自己的生命里，有多么密不可分，就算是为了它，付出一切，他想，也是心甘情愿的。

卷五

Chapter·05

困孤岛·被困孤岛，岛陷心不陷

鱼和熊掌不能兼得，当忠孝不能两全，他只能抉择对于当时的自己来说最想要的东西——他漂泊在外多年，从未侍奉过双亲，国难当头时作为儿子的他，也从未给家里顶起过一片天。此时老父恳求，再怎么铁石心肠的人，也无法弃之不顾，他不能只顾着追求心中理想，而伤害在时光中渐渐老去的父母。

乱世漂萍，本心澄净

都说乱世出英雄。或许，只有在国家危乱之时，才会涌现那么多的英雄豪杰。三国纷乱，英雄辈出；五代凄迷，儿女故事纷纭；还有民国那段动荡时光，虽然这个曾经的东方大国被欺辱和伤害，可同时，亦有无数英雄奋起，抛头颅洒热血，愿意为自己的国家献出所有。

那时的时光虽然凄凉，可因为燃烧的理想，也同样令人向往。在物质充裕而浮华的当下，或许有太多人，都找不到生存的价值和生活的意义，只是单纯地茫然地跟着岁月漂流，等到走进时光，才愕然发现原来自己的人生竟然是如此苍白。而那时的人们，仿佛可以不费吹灰之力就找到生命的意义所在，他们有理想，有信仰，有连绵不绝的行动，他们的生命或许短暂，但当沧海横流，荏苒尽头时，他们已没有遗憾。

当钱钟书和杨绛走下轮渡，回到这片亲切而满目疮痍的国土上时，在异国生活了三年的他们震惊了——原来国内的情况已经如此危急，实在是不容乐观。战火燎原，将整片中华大地燃烧得血泪潺潺，荒凉四野中，遍地都是哀鸿，因为战争的罪恶而流离失所的人们不计其数，许多人没有死在战火下，最终却被饥饿、伤寒、病毒夺去了生命。在这样的情况下，许多大学带着学生开始往后方撤退，中国历史上最为传奇的国立西南联合大学就是在这时候成立的，这是一所由当时国内许多知名高校在后方的昆明暂时合并成立的一所综合性大学，在它短暂的校史中，可以看到许多熠熠闪耀的名字。

早在钱钟书还未出国留洋时，他就已经声名在外，就有许多学校等着他学成归来，想要聘请他为本校教授。所以当他一回来，各种有聘任意向的信件、电报便纷至沓来。这其中，便有钟书的母校清华大学。最终，钱钟书还是在众多高校中选择了自己的母校。当时，冯友兰先生正任国立西南联合大学的文学院院长，他和钱钟书在清华大学时的老师吴宓先生一起大力促成了此事。

一九三八年，钟书尚未归国，远在异国的他给冯友兰先生写了一封求职信，希望自己回国之后能在母校任教。接到钟书的来信之后，冯友兰格外重视，他立即向当时的清华大学校长梅贻琦先生大力推荐钱钟书，甚至要求将钱钟书破格升为正教授，从留学生直接到正教授，这种情况，几乎是绝无仅有的。在冯友兰致梅贻琦的信中，他大力为钱钟书争取。当时清华大学聘任了王竹溪和华罗庚为教授，这两位都是赫赫有名的专家，而当时钱钟书虽然声名极盛，资历尚浅，可冯友兰依旧要求清华大学如若聘用钱钟书，他的待遇应该和华罗庚等是一样的。鉴于钟书在信中说他九月才能离开法国，无法赶上第一学期开学，冯友兰便建议梅贻琦让钱钟书第二学期再来报到。思虑之周全，几乎比钟书自己还要妥帖。

时年，钟书归来，他告别了妻子和小女儿，从上海来到中国的西南方。年仅二十八岁的他，已经成为了清华大学的教授。从数学不及格到清华大学学子，从留洋学生到清华大学教授，年纪轻轻的钱钟书，就已创造了清华大学校史上的两个奇迹。当时的清华大学，已并入国立西南联合大学。在抗日战争初期，清华大学和北京大学、南开大学等高校迁到湖南长沙，成立了长沙临时大学，后来又迁到云南昆明，改名国立西南联合大学。

国立西南联合大学是中国历史上一个堪称伟大的存在，甚至很大幅度上影响了整个中国的发展。当时国立西南联合大学荟萃了许多中国甚至世界上最出众的人才，这些人才济济一堂，宛如群星，闪耀了华夏大地的西南角。而钱钟书作为一名资历尚浅的教授，并未在璀璨的群星中被遮蔽光芒，反而绽放出了自己的独特华彩。

在国立西南联合大学，钱钟书开有三门课，分别是大一英文、文艺复兴时期的文学、现代小说。在他上课的第一天，叶公超先生亲自来到教室，向学生们介绍钱钟书是自己的学生，言语之间，颇为自得，显然对钱钟书非常满意并引以为豪。而早在钱钟书大学时期就建议他留校的吴宓先生，更是看重自己的爱徒，他特意找来一个学生的笔记，看看爱徒是如何授课的，看完之后，佩服不已。俗话说："青出于蓝而胜于蓝。"从清华大学走出，又如归鸟返巢的钱钟书，在这些爱才如子的老师心中，便是胜于蓝的存在。

在学生们心中，钱钟书绝对是一位极优秀的老师。他风趣，幽默，妙语如珠，知识渊博。每一堂课都可以做到深入浅出，在妙趣横生中，将知识灌输进学生心里。学生们记得，这位老师脑袋里仿佛是藏着一座图书馆的，里面的中文书、外文书，谁都没有他的藏书馆丰富，更难得的是他这座图书馆，可以信手拈来，随意倾吐，当堂侃侃而谈，引人入胜。他上课时，不说中文，只讲英语，也从来不提问题，只围绕书中内容，引发思考，对于学生们，他态度十分友善，虽然不赞赏，也不批评，风格很是独特，既有中式的传道授业解惑，又带着点国外的翩翩绅士风度，十分迷人。

虽然与学生和同事们的相处都十分愉快，但深夜里备课完毕，独自静坐，窗外月色寂寥落入眼帘，地上的影子淡淡的，毫无温度，终究难以入眠。那时，他住在文化巷十一号，邻居里有顾宪良、杨武之等，呼朋唤友的，似乎也并不寂寞。但心里默默的，总觉得缺了什么，宛如一杯茶，色泽青碧，茶叶舒展，试探地尝了一口，方知道那是杯冷茶。许多寂寞怅然的夜里，他想起从前在英国的日子，虽然远在他乡，可身侧有妻子软语添香，小女啼哭或娇笑，不像此刻，唯有影子同自己做伴，这样清冷，这样孤寂。

月色里，栖在枝头的倦鸟扑棱棱地回巢，枝头摇曳，叶子簌簌地轻响，像是妻子哄女儿入睡时的童谣。他心念一动，提起笔来。幸好，在这间冷屋里，还有笔墨，聊慰寂寞。他写了许多嬉笑怒骂的奇文，在这些冷色调的长夜里，笔墨成为了他的暖炉。后来，这些文章被编辑成册，他取名《冷屋随笔》，似乎也有些怀念那时分分缕缕的寂静与萧瑟。

钱钟书曾写过一首题为《昆明舍馆作其二》的诗：

屋小檐深昼不明，板床支凳几难平。
萧然四壁绣尘埃，百变思君绕室行。

正如这首诗，他思念着妻子和幼女，仿佛思念到极致，就可以看到她们的音容笑貌。这样的思念里，他依旧熬过了这段时光。纵使相思成灰，他也笔耕不辍。

城外的人

骄傲，在漫长的历史中，似乎都是一个更接近于贬义的词，稍稍过头，便成了骄横。中国哲学里强调中庸，于是乎骄傲的人，总是不如平和的人受人喜欢。其实盲目的骄傲才是不讨人喜欢的，如若一个人，有值得骄傲清高的本事，那么目光高一点，挑剔一些，并没有那样让人难以接受。

西方文化里，骄傲是一种自信，如果不能，毕竟是自己本事还不够，底气不足。可是国内能够这样想的人并不多，有些人，本事不够、自信不够，却偏偏憎恶害怕旁人的厉害，如若旁人恰好性子骄傲孤高，那心里就更加觉得不顺眼，分明是嫉妒。其实好笑的是，嫉妒这种东西，往往源于自卑。

钱钟书在国立西南联合大学只待了一年，接着就去了蓝田国立师范学院。这是一件蹊跷的事情，清华大学的教授比起蓝田国立师范学院的英文系主任，究竟孰轻孰重，不言自明。而钱钟书也向来没有屋大维那样的“雄心壮志”，宁愿在小村子里当村长，也不愿屈居人下当第二首长。有人说，那是因为钱钟书在国立西南联合大学的一年中，人缘极差，不讨人喜欢，甚至批评其他同事说：“国立西南联合大学的外文系根本不行，叶公超太懒，吴宓太笨，陈福田太俗。”这句话将外文系的主脑得罪了个遍，自然待不下去了。

这传言真实度究竟几何，钱钟书是否真的说过这样的话，还是因为说过某些意见被以讹传讹，后世已无法辨明。可他为人骄傲，眼光极高，等闲看不上眼，他虽然留洋国外，但处世之中，却是很有几分“迂腐”，断断不肯说假话的，这个倒是毋庸置疑的。

他是有骄傲的资本的，少年成名，博览群书，学贯中西，年纪轻轻就破格成为清华大学的正教授。或许，正是因为如此，他对自己的要求十分严苛，对旁人的要求亦是十分严格。严于律己，宽以待人，这不是钱钟书的信条，他对自己和旁人的要求都是一样高的，因此，很少有人能得到他的青睐，毕竟，大多数人是尘世中的寻常人。可能也是因为这样，他和国立西南联合大学的同事们，关系并不好。

当时他授课的国立西南联合大学英文系有三个组，A组的陈福田注重美式英语，而C组的潘家洵侧重中文翻译，只有留学英国的钱钟书讲一口纯正的英式英语。而且，他上课时从来不讲中文，只讲英文，所授内容又十分高深，这需要学生本身有较高的水平，但当时的联大学生多数水平不够，因此他们更喜欢潘家洵的英文课，比较浅显易懂，因此钱钟书的课相较而言，就显得比较冷清。

钱钟书是否真的讲过嘲讽老师的话已不得而知，但他在清华大学的人际关系，确实不太好。

在《围城》中，类似的境遇也有所影射。方鸿渐到大学任教后，发现周围的同事各有秘密，并不像表面那样正直真诚，甚至是道貌岸然的。钱钟书似乎将自己在国立西南联合大学的经历糅合进方鸿渐的人生里，交织成当时中国知识分子的一曲酸辣苦涩交响乐。他同叶公超的关系并不友好，刚开始，叶公超很为清华大学能够拥有钱钟书而骄傲，然而，当时光流逝，现实露出狰狞面孔，他们的相处渐渐变得不愉快。据吴学昭先生的《听杨绛谈往事》里说，两人的芥蒂开始于清华大学收购钱钟书从国外带回的书籍时，叶公超并没有按价结款，因此引发了两人的不快。这件事，在钱钟书致吴宓的诗里也能隐约得知。

或许，钟书在意的并不是一笔书款，他并不是爱财如命的人，只是他为人至真至诚，容不得丝毫虚假。何况，被他爱重珍惜的书，竟然没有得到相对应的价值，这是很令他伤心的一点。

而此事的始作俑者，又是自己曾尊敬爱重过的老师，心里的裂痕和不满，就更加巨大了。这段公案的真实面目究竟如何，已经成为了过往风云，也只有钱钟书和叶公超两人，才知道事情的真相。曾经的师徒就在猜疑和不信任中，走向了陌路。

后来，有人考证《围城》里那个令人嗤笑的诗人曹元朗的原型就是叶公超，而当时有人向叶公超问起钱钟书在国立西南联合大学时的情况，叶公超竟然回答说不记得钱钟书在国立西南联合大学授课过。若是得知来日竟是如此僵局，或许两人都不愿当初他们曾那样信任过彼此。由相见欢到陌路人，想来就是一件唏嘘之事。

不愉快的人际关系是钱钟书离开清华大学的一个原因，而最主要的原因却并不是这个，而是他的父亲钱基博更希望儿子能够在自己身边。当时，钱基博在蓝田国立师范学院任教，钱基博写信来，要求儿子也到蓝田国立师范学院去执教。一边是自己热爱着的母校，一边却是老父和家人，这种选择有多么艰难，不论是选择理想还是选择家人，心里都有遗憾。

最终，他还是选择了家人。钱钟书终于放弃了清华大学，走进了一所寻常的学校，在那里继续着自己的人生。而清华大学，仿佛是他生命中的过客，短短一瞥，却成为了心中永远的痛。鱼和熊掌不能兼得，当忠孝不能两全的时候，他只能抉择对于当时的自己来说最想要的东西——他漂泊在外多年，从未侍奉过双亲，国难当头时作为儿子的他，也从未给家里顶起过一片天。此时老父恳求，再怎么铁石心肠的人，也无法弃之不顾，他不能只顾着追求心中理想，而伤害在时光中渐渐老去的父母。

一九三九年夏，昆明的山水多，天气并不炎热，学校放了暑假，平日里人气旺盛的学校顿时沉默了许多。钱钟书收拾好行李，走出校门，回到了上海。女儿已长大了许多，可见了父亲，却有点陌生，黏在妈妈身后，害怕这个陌生人跟自己抢妈妈。妻子却很高兴，钱钟书的母亲、弟弟，都为他的归来而格外开心。如果没有后来的事，那么这是一次十分愉快的探亲之旅。

那时他尚且不知道，此去上海探亲，就是永别。他再也没有回到国立西南联合大学。他离开时，原本是打算探亲过来继续在清华大学任教的，甚至清华大学的聘任书都已经放在案头——那时的钱钟书，不愿成为背弃母校的人。只是没想到，他终究还是拗不过老父哀求。其实离开清华大学，前往蓝田国立师范学院，连妻子杨绛也觉得不妥，可是他们只能违背心意，无奈地选择遵从父命。

钱钟书深知，对于老迈的父母来说，孩子有多大的成就和出息，都是无法弥补无人承欢膝下的伤怀的。他们不需他成龙，只要他能够陪伴在他们身侧，就已足够。

岁月悠悠，如歌如梦。往事里的种种悲欢离合，谁泪眼婆娑，盈眶而落下；谁辗转反侧，彻夜不能眠；谁心里苦涩难言，如同剜骨割肉一样疼痛……再怆然的伤，都成了寥寥几行文书，轻飘飘地，就带过了所有伤痕。历史就是如此，一个人，如沧海一粟，如天地孤鸿，在苍茫的横轴里只是微微一点，那些苦痛纠结的汤，无人替喝，只能由自己慢慢地饮下去，独自品味那份伤痛。

城里的人

月涵校长我师道察：

七月中匆匆返沪，不及告辞。疏简之罪知无可逭，亦以当时自意假满重来，侍教有日，故衣物书籍均在昆明。岂料人事推排，竟成为德不卒之小人哉。九月杪屡欲上书，而念负母校庇荫之德，吾师及芝生师栽植之恩，背汗面热，羞于启齿。不图大度包容，仍以电致。此电寒家未收到，今日得妇书，附茀斋先生电，方知斯事。六张五角，弥增罪戾，转益悚惶。生此来有难言之隐，老父多病，远游不能归，思子之心形于楮墨，遂毅然入湘，以便明年侍奉返沪，否则熊鱼取舍，有识共知，断无去滇之理。尚望原心谅迹是幸。书不尽意，专肃即叩钧安。

门人钱钟书顿首上

十二月五日

一九三九年，旅途劳顿后抵达蓝田国立师范学院的钱钟书还来不及收拾行李，就即刻提笔给梅贻琦校长写了这样一封信。其间言辞恳切，纠结挣扎之心跃然纸上。世事总是阴差阳错，或许差了一分、一秒，世人后来所看到的往事，就不再是当时模样。当时，万般无奈之下听从了家人的钱钟书，给叶公超写了一封信，将自己的事情告诉上司，然而，暑假都快到尽头，叶公超却还未回信。家中老父不断施压，蓝田国立师范学院的教职工们不断上门诚邀，钱钟书只好仓促动身。叶公超为何未回信给他，大约是因为两人私怨已深，他只当作没有过钱钟书这学生，不屑回信。但不屑回信的叶公超还是把此事告诉了梅贻琦。得知此事的梅贻琦连忙拍了两封电报给钱钟书，来挽留他。可钱钟书在临走之前，却并没有收到电报。反倒是他走后不久，家中的杨绛就收到了堂姐夫沈履的电报，以近乎责问的语气询问钱钟书为何不回梅校长的电报。

命运戏弄，阴差阳错之下，所有的追悔和挽留，都已付之一炬。钱钟书离开清华大学赴蓝田国立师范学院之事，已成定局。离开清华大学，钱钟书是黯然而去的，他并不知道，正是因为蓝田国立师范学院的出现，才为自己日后写下《围城》创造了契机，积累了素材。若是他始终在国立西南联合大学，或许这部精彩绝艳的《围城》便不会问世，而《围城》中很大一部分内容，折射的是当时高校知识分子复杂的人际关系，而钱钟书在国立西南联合大学和蓝田国立师范学院的遭遇，显然被应用到了《围城》中。

一九四〇年，国立西南联合大学教授吴宓斥责当时外文系主任陈福田"皆妾妇之道也"，为的就是陈福田不聘请钱钟书一事，虽然钱钟书心里未必认可这位老师的一些做法，但在吴宓心中，钱钟书依旧是值得自己骄傲一生的学生。他舍不得自己的学生遭到众人的排挤，于是到处奔波，希望能够将钱钟书挽留下来，然而此时钟书已踏上了入湘的路途。

前尘往事如梦，那年十月，上海风烟漫漫，钱钟书偕同蓝田国立师范学院在上海聘请的数位教师，一同前往湘江水域。在这几位同伴当中，有一位叫邹文海的，是钱钟书的小学同学和大学同学，一九六二年他写过一篇名为《忆钱钟书》的文章，文章并不长，却对后人了解钱钟书其人帮助极大。还有一位叫徐燕谋的，是钱钟书在桃花坞中学时的同学，他写过一首叫《纪湘行》的长诗，记录了一行人入湘的艰难旅程。湘水曲折偏僻，穷山恶水险象环生，太平年间入湘亦不是寻常事，更何况当时战火离乱。当时上海出口被封锁，一行人直到十一月才得以离开上海辗转至宁波，到了宁波之后，又是汽油船又是黄包车，到溪口便用了一天的时间，此后交通都是长途汽车，每到一站就要停上三五天，颇是花费时间，刚开始他们还有点游玩的性质，可是随着时间渐久，交通情况毫无改善，任是谁都累得无法动弹。

旅途疲倦，青灯孤影徐徐拉长，映着微黄烛火，远处的山色空蒙，缥缈如幻境。奇秀山雾里，昏黄灯色中，不知是谁，心念一动：

天风吹海水，屹立作山势。
浪头飞碎白，积雪疑几世。
我尝观乎山，起伏有水致。
蜿蜒若没骨，皴具波涛意。
乃知水与山，思各出其位。
譬如豪杰人，异量美能备。
固哉鲁中叟，只解别仁智。

信纸被折了两度，轻轻放入信封，那样轻柔的动作，仿佛连信纸都能感知这份沉甸甸的思意。归国不过数年，同妻女的相聚时日却屈指可数，每一次都是那样短暂，妻子能够理解他的无奈，却不知年幼的阿圆能否在自己缺席的成长中，偶然记起父亲的模样，或许，下次相聚，她已记不得父亲。

辗转数月后，杨绛收到了丈夫从旅途中寄来的信，其中有四首古体诗《游雪窦山》。她喜欢的便是这第二首，将雪窦山的奇情美景，渲染得淋漓尽致，仿佛一抬眸，如水如雾的山色便嶙峋突兀于眼前，大开大合，心胸都瞬息开阔。

纵使疲惫不堪，钱钟书从未停止过读书。苏东坡说，宁可食无肉，不可居无竹。到了钟书这里，是宁可食无肉，不可无书读。旅途中，钱钟书随身带着一本极厚的书，再怎么厌倦，怎么低落，只要打开这本书籍，轻轻踩在墨香的落叶间，文字拂去心间尘埃，点燃一支安神的香，再合上这卷厚厚的书时，笑意又重新荡漾在他唇边。

究竟是什么样的书，能够有这样大的魅力呢？有人好奇地问，他将封面示人。令人大跌眼镜的是，这竟然是一本字典！旁人不解，为何一本字典能够让博学的他这样着迷，他解释说："字典是旅途中的良伴，上次去英国时，轮船上便有约翰生博士的字典相随，深得读字典的乐趣，现在已养成习惯。"名人常有怪癖，贝多芬脾气极坏，安徒生深惧死亡，苏曼殊酷爱吃糖，得了个绰号叫"糖僧"。相比之下，钱钟书爱看字典，也没啥不好的。

他时常说，在茫茫的旅途上没有旁的事情可以做，翻翻字典既可以打发时间，也能够从字典中学习几个生僻字，何况前人编纂的字典，大多有当时的痕迹，旧时口语，旧时风俗，信手翻来看到，格外有趣。是的，读书对于钱钟书来说，向来不是任务，纯然随心所至，被当成一样快活的事情，自得其乐地徜徉其中。浩渺人世，能够找到这样一件令自己喜悦的事情，亦是幸福至极。

围城，围城。城外的人想要进去，城中的人却想要出来。人世间千万种姿态，总是纠结挣扎在种种烦恼中，旁人看来轻若浮尘的惆怅，深陷其中时亦是伤心无状。许多人将这种心理叫作“围城心态”，但写就《围城》的钱钟书本人却住在这座围城中，活得怡然自得，优游山水，笑看人世。他有一个清晰简洁的头脑，有一颗明净淡然的心，有一缕独立干脆的灵魂，所以他从未害怕过有一日自己会被困围城，苦苦挣扎亦不能解脱。俗话说：“既来之，则安之。”随际遇而安，随命运而漂泊，只要心安，未尝不能发现生活的美妙滋味，未尝不能做出一场酣然美梦。

《谈艺录》

读书读到一定境界，便如山水，当时看山是山，看水是水，后来看山不是山，看水不是水，最后心胸豁然至极，生平顿悟，便依旧看山是山，看水是水。读得多了，想得多了，加上资质绝顶，便能够集大成。古来今往，莫不如此。三百六十行，到了顶端就可以是状元。

清代的袁枚是个顶尖的食客，吃到极致，便写了《随园食单》，酸甜苦辣百般滋味，随时光纵横流转；南朝萧统博学多才，博览群书，主编的《昭明文选》是我国第一部诗歌总集；而钱钟书，在人生的修炼中，写下了一部集传统诗话之大成的书，这也是中国第一部广采西方人文、社科新学来诠评中国古典诗学诗艺的书。

这本书的名字，叫作《谈艺录》。

《谈艺录》的创作是在蓝田国立师范学院时期开始的。在经历了三十四天的奔波劳顿后，钱钟书一行人终于抵达了蓝田国立师范学院。有人说当时从上海到蓝田就算是走路，也只要两个月，可钱钟书他们坐船搭汽车，居然走了一个多月，显然在旅途中耽搁的时间，比起正式行走的时间，要多很多。可见这次旅途实在是令人筋疲力尽。困顿之中，自然格外思念家乡。王维说“每逢佳节倍思亲”，可或许在旅途中，不逢佳节圆月，也会时常想起家的平静温暖吧。

远在上海的杨绛，不断地收到钟书的家书。她展开这些信，读着读着，便不由心下酸甜交织。钱钟书的这些家书里，最精彩的当属他给杨绛写的古体诗了。始终没有半点情绪泛滥的伤春悲秋，真实的情感却呼之欲出，这一点，从他有限的诗作中都可以看到。生活里，他不仅是严肃的学者，也是柔情的丈夫，也有心酸的时候，也有因为离别而思念的片刻，这些真情实感都通过诗的形式表达出来，落在杨绛的心坎里。

他在信里，不曾提及一丝的不快活，总是挑路上最有趣的事娓娓道来，将情绪藏起来，仿佛每一分每一秒他都开心愉悦。可就算他不说，她也知道如今这样不太平的世道，哪里能够有如他信中所说那样纯粹美好的旅途，何况他刚刚离开清华大学，心中自然是苦的。自古被流放偏远之地的文人数不胜数：王维被贬谪桂州（桂林），东坡流放去过岭南（海南），在天涯间孑然飘零的文人更是多如繁星，李义山流浪了一生，李易安随国破家亡而自汴梁流落临安。那些作古的文人，虽然在浪迹天涯中写下了动人的诗篇，可当时的心情，自然惆怅如一壶苦酒。钱钟书，又岂不是如此呢？

只是他不说，她也不拆穿，乐得奉陪演一场岁月静好、彼此美满的戏码。这一厢，她为他牵肠挂肚，那一方，他终于渡过迢迢的千山万水，抵达蓝田，同老父相见。

后来，钱钟书给友人写信说：“十月中旬去沪入湘，道路阻艰，行李繁重，万苦千辛，非言可尽，行卅四日方抵师院，皮骨仅存，心神交瘁，因之卧病，遂阙音书。”三十多日的连续疲倦后，他曾生了场大病，可见连日的辗转，实在是十分劳顿的。仔细想来，两地之间若是步行，两个月已经足够。舟车却也行走了一个多月，可见旅途艰难。

钱钟书到蓝田的时候，蓝田国立师范学院才成立不过两年。钱基博到此任教，亦是因为有一位友人大力相邀。因为战时物质极度匮乏，资金有限，校长廖世承便将校址定在蓝田，只因这里的房子是现成的。学校建立伊始，在此执教的大多都是名不见经传的老师，钱钟书在这里难以寻到知音。这不是因为他清高，看不上这里的同事，而是因为人到底各有境界，他已经是学贯中西的集大成者，要是交流学术，这里的同事确实难以成为他的对手。可朋友还是有的，到底还有几个同事，如邹文海等，能够与钱钟书谈笑风生，闲时两三对酌，聊一聊，谈一谈，也让一颗疲倦的心逐流于落花间，放松片刻。

知交少，课又不多，日子难免有些苦闷。时间一长，连钟书自己都觉得十分冗闲。也正是因为这份冗闲，他才有更多可以自主支配的时间，用来做自己喜欢的事情。那自然是读书。蓝田国立师范学院虽然是刚建立的，藏书却也十分丰富，钱钟书仿佛是回到了在牛津大学的时候，书山书海，任他遨游。他向来口才极好，过目不忘，又幽默风趣，若是他想要将自己塑造成八面玲珑长袖善舞，这也不是什么难事。偏偏他性情甚是傲岸，轻易不将别人放在眼里，这就使得他说话直来直往，有一说一，有二说二，从不妥协，他不在意别人是否会因此感到难堪，也不在意他们是否会就此怨恨憎恶自己。他的人生态度，便是如此，有点任性，却恣意无比。

《谈艺录》的序言里有这样一段话：“《谈艺录》一卷，虽赏析之作，而实忧患之书也。始属稿湘西，甫就其半。”很明显，

《谈艺录》是在湘西时期开始写的，第一卷亦是在湘西完成了一半。后来他因病返沪，也将这部书稿带回了上海。写《谈艺录》的过程十分艰辛，战时物资实在短缺，他只能用附近镇上能买到的最粗糙的毛边纸来写，每天晚上下课回来，都要写上一章，然后在两三天后重新审视修改，如此周而复始，连夹缝中间都写满了密密麻麻的字迹。他的灵感太多，在写和修改的过程中不断生成，记在纸上，就显得十分凌乱，若不是他自己记性好，恐怕旁人来看《谈艺录》的草稿，都会觉得像是本天书，明明上面的字自己都认识，可是整章看下来，却不知道究竟是什么意思。

虽然钱钟书在生活上的自理能力欠佳，可在文学领域里，他却是天生的专家。所有书稿，他都保存得完好无损，从这里也可以看出，他实在是一个爱书之人。在这片古老而苍凉如荒蛮的大地上，他笔耕不辍，孜孜不倦，思维跳跃奔腾，如同一汪浩瀚的碧海，仿佛时光奔流不息，永无沧海桑田。

《谈艺录》是一部非常优秀的古典诗话作品，这也是钱钟书除了后来的《管锥编》以外，最重要的学术著作。这部作品主要是对中国近体诗进行广泛的文学批评。他一方面继承了中国传统诗话的长处，另一方面又广泛汲取了欧美文艺思想。行文如行云流水，十分优美，又因为深厚的学术积累，各种典故引文是信手拈来，其中有许多学术观点都十分脍炙人口，在学术界广为流传。并且，他的博学和睿智，也在这部作品当中可见一斑。这部作品还深刻体现了钱钟书的考据功力，其旁征博引，对典籍的独特理解，更是令人看到了一个善于思考、才思敏捷的钱钟书。

这是一部惊艳了时光，温柔了岁月的作品，它自湘西的氤氲山水间而生，浸润了那个伟大学者的心头热血，亦沾染了他的清高傲岸。这不是一本能够被轻松读懂的书，它的层次，决定了它的读者群必须是有一定知识水平和文学修养的高级知识分子，不管是对学养抑或思想，都有很高的要求。这正如钱钟书其人，他骄狂，他傲气，他可以不将等闲之人放在眼中，那是因为他有自恃的资本，谁都无法指责他的心高气傲。因为那是他的人生态度，他十分愿意自己成为这样一个人。

悠悠岁月，聚散如同浮云，飞鸟从千山间零星掠过，仿佛掠去了尘世的茫茫时光。春去，秋来，小暑，白露。一部《谈艺录》，让我们看到了那样才华横溢的钱钟书，继而又有一部《围城》，让更多人发觉，原来这个骄傲的才子身上，还凝聚着这样耀眼的光彩——他不只是学富五车，可以写就一部载入史册的文学批评著作，他亦是流光溢彩般的存在，可以造就一座吸引无数后来人为之赴汤蹈火的城。

卷六

Chapter·06

写人生·写在人生边上

怀着一颗澄净的心，看云卷云舒，花开花落，听上去是那般优雅，做起来却并不容易。凭借钱钟书的学识和名望，若是他去了台湾，或许可以获得功名利禄，得到更加优越的生活。但他并没有如此选择，他从来不将那些身外浮云放在眼中，他只是更愿意埋首故纸堆，做自己喜欢的事情。钱钟书做到了，自始至终，他都像是一个干净透明的孩子，滴滴答答敲击在窗上的雨声再大，也惊动不了他坚守的心。

重逢于海上孤城

缘起，缘灭；离合，聚散。这些都不过是转瞬之间。都说今生的一次擦肩，是前世茫茫人海中的无数次回眸。若是前世缘分如此深邃，却换得此生萍水相逢一瞬，想来是多么悲伤的一件事情。红楼隔雨相望冷，珠箔飘灯独自归。多年前，谁离开了谁的故乡，抛开前尘爱恨，策马而去；茫茫烟雨里，又是谁持着破伞，目光暗淡，渐渐点染成泪眼婆娑。

相逢，相思；送别，重逢。偌大的人世间，每一分每一秒都在上演着催泪脚本，路边杨柳，池中绿水，见得多了，也是有情了。它们见证着泪水的滑落，目睹心和心的相印或决绝，天涯明月映照流浪的游子，像是在拍下永恒，多年后裱起，一帧，一帧，挂满天际。

一九四一年夏，钱钟书辗转从蓝田国立师范学院回来上海。他已经太久没有见到妻子和阿圆了。他的思念是一段长长的红线，线的尽头，就是家。风尘仆仆的游子走下黄包车，轻轻推开门，行李无声落地，妻子闻声从厨房中走出，手里还拿着铲子，小小的阿圆也跑了出来，不像她母亲的目光，她清澈的眼睛里，是一种怀疑和不信任，她退了退，退到母亲身后，紧紧拉住母亲的衣襟。

杨绛好气又好笑，她就知道，他回来一定是一副惨不忍睹的模样：出去时她将他收拾得干干净净的，在外头待了一年多回来，那个白净书生竟然满脸胡子，肤色黝黑，头发也很久未剪过，乱糟糟地堆在头上。她一面嗔怪着，一面将他的行李拿到房间里，但笑容是欢喜的，就连脚步都是轻盈的。

家的温暖，是不可触摸的，就藏在她不停的唠叨里，藏在她给他缝制的兔毛披肩里，藏在家里的一个杯子一个碟子里，或许还藏在小女儿略带警惕的眼神里——她早已不记得他的样子，这是一个陌生的叔叔，为什么还跟妈妈那么亲密呢？那可是她的妈妈啊。阿圆苦恼极了，她从小就是个安静而善于思考的孩子，她默默地坐在饭桌上，乖巧地自己吃饭，忽然对钱钟书说："这是我的妈妈，你的妈妈在那边。"语气中显然充满戒备之心。

这句话让大人们啼笑皆非，当父亲的不以为意，笑了笑，问女儿："你觉得是你先认识你妈妈的，还是我先认识的？"小孩子的世界是单纯而洁净的，并不会想太多，而长大后的世界，总是习惯将简单的事情想复杂了，于是越来越乱，往往不可收拾。阿圆眨了眨眼睛，无比认真地回答父亲，当然是她先认识妈妈的，她一出生就认识妈妈了，但是他要长大以后才能认识妈妈。

一个孩子竟然能说出这样富有哲理的话，另辟蹊径，又毫无破绽。钱钟书很久没见过女儿，自然是有些吃惊的，但杨绛就没那么吃惊了，女儿是她从小带到大的，有多么聪明，她再清楚不过。钱钟书低下头，在女儿耳边说了一句话，这是一句十分神奇的话，聪明的阿圆即刻同"陌生叔叔"化敌为友，变得相当亲密起来，实际上，连杨绛都不知道父女俩究竟说了什么悄悄话。可这并不重要，重要的是自此之后，一家人的感情更加亲密无间。阿圆是钱钟书和杨绛唯一的孩子，钱钟书对女儿的感情极深，他曾说过，他们这辈子只会有这么一个孩子，他们要将所有的爱都给她，不会有别的孩子来分享他们的爱。

钱钟书在七月间回到上海，此时的上海，几乎已是一座孤城。他原本打算假期结束后就回到国立西南联合大学继续执教，这是在此前就说好的，为了照顾父亲先去蓝田国立师范学院执教一年，一年之后重新回到国立西南联合大学。但是他迟迟没有收到国立西南联合大学方面的聘任书，出于生计，钱钟书只好在震旦女子大学和光华大学同时任教，薪水低微，所以要同时兼任两所学校的教职，方能够养家糊口。等到联大外文系的陈福田寄来聘任书，珍珠港事件爆发了，战争形势越发严峻，战线拉得越来越长，日本军队占领公共租界的中区和西区，西部越界筑路区由意大利军队占领。欧美国家的往来上海的航运断绝，而日本控制下的班轮只能够往来于长江。钱钟书一家被困在上海，无法前往国立西南联合大学。

战争，像是在一夕之间席卷了整座城市。日军占领了上海大大小小的街道，每一个路口，都布满了日军的岗防前哨，戒备森严。据说，只要是路过的人们，就必须对日军脱帽行礼。而杨绛不愿向日军行礼，每次过去都是低下头匆匆走过。当时的情形几乎黑暗如地狱，时不时就有无辜的路人被日军扣留，轻则拳打脚踢，严重时便是用刺刀刺死在街头。或许是杨绛的不屑引起了日军的注意，一天晚上，他们竟然闯入了这个平静的小家，带走了杨绛。

而当时，钱钟书并未在家，他忙着奔波在两所大学之间，为了那两份微薄的薪水。杨绛在做好了晚饭之后，就早早熄灭了灯。外面是密密麻麻的靴子声，她小心地把门顶上，然后坐在凳子上，等着密密麻麻的声音的消失，可是靴子声没有消失，却越来越响。杨绛犹疑而惊恐，按说这个时候，应该已经寂静无声才对。

正在心有怀疑的时候，门外响起了重重的声音：当，当，当。杨绛的心陡然快速跳动起来。她赶紧给钱钟书的学校打电话，不让他回家来，怕家里的事情连累到他。然后，她稍微稳定了一下自己的情绪，打开了门，门口是绿色的军衣，然后是不知所云的日语。杨绛虽然听不懂，但也揣摩出了大意，是让自己跟他们走一趟。那一刻，她心中反而坦然起来，抵抗没有意义，不如冷静面对。

杨绛被带走后，日军将她关押进看守所。她忐忑不安地等待着，不知道会发生什么事情，感觉自己命悬一线，仿佛轻轻一下就能割断。时钟嘀嗒嘀嗒地迟缓而过，她几乎做了最坏的打算，这时候，听得一声沙哑的铁门声，日本人竟然将她放了出来。不啻是死里逃生。后来他们才知道那晚是日本人抓错了人，将杨绛错认成别人才抓走了她。

古人说："富家不用买良田，书中自有千钟粟；安居不用架高堂，书中自有黄金屋；出门莫恨无人随，书中车马多如簇；娶妻莫恨无良媒，书中自有颜如玉。"不过，钱钟书读书并不是为了其中任何一者。或许在如此恶劣的形势下，唯一能够给钱钟书一方宁静的天地的，可能便是书中世界吧。

上海沦陷之后，各方势力蠢蠢欲动，交织成一张关系错乱的网，在这张黑暗的网中，有不少人看中钱钟书的声名，想要将他拉到自己这一边。高官、厚禄，都不是问题。但这些心怀鬼胎的人，都被钱钟书拒之门外。他虽然精通西学，可是他是喝长江水，吃中国米长大的，身上也是流淌着中国人的血。孟子曾说过：富贵不能淫，贫贱不能移，威武不能屈。这是属于中国知识分子的气节，传承了千年亦是铁骨铮铮。在这方面，喝过“洋墨水”的钱钟书比起许多土生土长的中国人，还更胜一筹。

风声，雨声，月色，天色，这片满目疮痍的土地，遭受了百年的屈辱，血肉已模糊。天地之间，一片苍凉，一片鲜红。黄浦江的水声滔滔，奔流不息地涌向更广阔的海洋，像是永远不屈服的民族之魂。那是一条伤痕累累依旧目光灼灼的巨龙，盘踞在每一个怀着赤子之心的国人心中，纵使死亡，亦不能明灭。世间乱世纷纷，他却闭门，独坐，仿佛这一俯身，就隔绝了外间烟火千万重；仿佛这一翻开书页，就可以化成不食人间烟火。

他不解释，自有气骨。他不作声，是因为他知道，胸膛里的那颗心，正熊熊燃烧着，滚烫如沸水，凛冽如北风。刀光剑影，枪林弹雨里，他执笔，墨水的黑色在纸张上晕染开来。在上海这座孤岛围城里，他提笔，写下了一个关于围城的传奇。他的《围城》笔锋宛如刀锋，隔三分诗意，七分冷厉，透过纸背。

人生边上的心，铺就人们心中的别样人生

上海孤岛时期，钱钟书工作繁忙，家中的事情基本上都由杨绛来承担，她是一个好妻子，理解自己的丈夫，从未有过怨言。这段一见钟情的爱情，在时光的洗礼中演绎出了细水长流的味道。很多人说，若是杨绛没有遇上钱钟书，或许在文学上她会有更大的成就，她会以自己的名字，宛如星辰，闪耀在文坛。

然而，谁能够知道，以钱钟书夫人的名号留在尘世里，会不会是杨绛更愿意看到的。他们是那样相爱，像童话里的爱情那样纯粹又圆满，像是一朵从烟火里开出的茉莉花，洁白，细腻，芬芳永存。

钱钟书在上海的家中，持续着《谈艺录》的后续工作，修订，编辑。同时，他已经开始写《围城》，而且他还出版了一部散文集《写在人生边上》。人生，是永恒的话题，而钱钟书的这本散文集，给予了一个更细腻温柔的角度，来看待这个亘古核心。他是文学史上很少有的大家，写小说，做学问都达到了登峰造极的境界，他的散文也写得极有韵味，不同于鲁迅的冷厉辛辣，也异于周作人的平和清淡，他的散文风格在受到西方文学尤其是受培根影响的同时，融合了个人气质，形成了一种优美而蕴含讽刺的风格。他的散文读

起来，宛如行云流水，畅快淋漓，又如同带刺的玫瑰，甜蜜芳香，却有隐隐的刺痛，鞭挞着心灵的最深处。

在上海的生活，如同当时所有平凡而正直的人一样，钱钟书一家亦是陷入了困窘境地。他不是没有机会去过上优越的生活，高贵阔绰谁不愿意，可若是要他违背底线去换取，那是钱钟书宁死都不愿意的。政府腐败而无能，物价飞涨，通货膨胀得厉害，他兼了许多差事，只为了家人可以吃饱穿暖。南京国立中央图书馆，他刚开始在那里兼职，负责编辑图书馆的英文季刊《书林季刊》，后来图书馆迁至台北，而他毅然放弃了去台湾的机会，留在了大陆。

如同他在战时的选择一样，他不是没有能力过上优越生活，而是他不愿意。一九四八年，他曾经以图书馆工作人员的身份访问台湾，那是教育部主办的一个活动，安排了文物展览，还安排了演讲，其中一场就是钱钟书，讲的是“中国诗和中国画”。他的人际关系虽然平平，可口才一流，就这样往台上一站，信手而立，便侃侃而谈，气度自生。他讲得非常幽默，深入浅出，有点像是白居易的诗，就算是文化程度不高的家庭妇女亦能够听懂。他说，诗就是能讲话的画，而画就是不讲话的诗。风趣幽默，极受欢迎。

在兼职《书林季刊》英文编辑的同时，他还有英国文化委员会的工作，同时还在国立暨南大学授课，他在暨南大学一直待到一九四九年，前后三年的时间，很受学生的喜欢。在这三年里，他忙于生计，却也没有丢开文学创作。他出版了三部作品，《人·兽·鬼》和《围城》，还有在蓝田国立师范学院开始动笔的《谈艺录》。他的小说写得极美，文字运用几乎是炉火纯青的，随意就能够到位至极，优美得如同山水画一般。但其中的内容却是现实的，很多地方都影射讽刺了当时的大学教授，《围城》自不必说，《人·兽·鬼》

中的许多篇章，都有这样的成分。而钱钟书在文中却点明过：不管实事，无年代可考。他还说过他书里的故事，都是凭空臆造的。但据考证，他的小说是有一定的事实依据的，如果说是纯属巧合，那或许当真是一个奇迹了。

一九四七年六月，上海晨光出版公司出版了钱钟书唯一的一部长篇小说——《围城》。因着这本书的出版和畅销，一时洛阳纸贵，钱钟书的名字也随之声名显赫。如果说钱钟书这个名字此前就非常有名气，那么作为《围城》的作者，他真正开始家喻户晓。直至如今，许多人提起钱钟书，紧接着想起的便是他的《围城》。这本书，是许多读者津津乐道、乐此不疲的作品，其中的许多片段都被人念念不忘，然而，作为作者的钱钟书却语出惊人地在一九八〇年的《围城》重印版本“前记”中说：“我写完了《围城》，就对它很不满意。”

他为何不满意这部作品，世人虽然有诸多揣测，但究竟什么才是钱钟书的本意，却是谁都不得而知。或许，他是个严厉得近乎吹毛求疵的父亲，对于《围城》这个心爱的孩子，容不下一丝一毫的瑕疵。《围城》这本书的写就，是钱钟书从自己的人生经历中提取锤炼而成的，不像大多数小说那样，《围城》没有明确的故事线索，它的情节是琐碎的任意的，就像是一个人的喃喃自语，心境和人生的片段化发展。这种类型的小说，若非语言功底登峰造极，那是无法成为一部顶尖的小说的。可在钱钟书的妙笔之下，《围城》果然是把语言运用到了登峰造极的境界。因而，在读《围城》时，其中的妙语如珠，微言大义，各种老练辛辣的笔法，是格外引人注目的。

除了《围城》之外，钱钟书再未写过一部完整的长篇小说。多年后，他曾提笔写过一部叫作《百合心》的长篇小说，但这部作品的草稿却在一次搬家中不慎遗失，他性情中素来有点肆意，丢了书稿后兴致不再盎然，此后未曾重新提笔。他曾说起，如果这部作品能够写完出版，或许会比《围城》要好一些。然而，世人终究没有这个机缘，能够一窥这部作品。

有人说，欲望是推进世界前行的唯一动力。这并不是没有道理的，一个人想要向前走，一件事想要被完成，一场雪想要覆盖整片大地，所有的念头里，都包含着欲望。因为有了欲望，世界才在不断流转的时光中，每一个时刻都有不同的精彩。或许，在战火纷飞的上海，钱钟书正是因为太想倾诉了，他想要将那些埋藏在心里的事情说出来，于是在这种欲望的驱使下，才有了惊艳世间的《围城》——那是隐藏在他心底深处的声音，一字一句，犹如心声。

至于日后《围城》会取得多大的成就，会有多少人将它深深铭记，都不是他创作的本意。在最开始的那瞬间，他只是单纯地想要将胸臆之间的那些念头变成文字，变成铅字。写作只是他生活中的一部分，并不是像世人所想的那样伟大，头悬梁，锥刺股，那样的艰难。他的写作，是愉快的，是轻松自在的，为了写作而想破脑袋绞尽脑汁，并不是他的风格。

战火终归过去，残破的废墟终有一日得以重建，经历过生死的感情，越发弥足珍贵。家的举足轻重，成为了钱钟书心里最为重要的东西，他曾郑重地对妻子发誓：从今之后，我们之间只有死别，不再生离。分离才知重逢的欢乐，重逢却是为了下一次的分离，这样的事情绝不再有。话语是那样朴素，情意却是如此真切，世界上最动听的情话不是甜言蜜语，而莫不是如钱钟书发自于肺腑，真挚而温柔的允诺——唯有死亡，才能够将你我分离。

桃李不言，下自成蹊

困顿于上海的时光，是一段黑暗的时期，亦是一段难得逍遥的时期。《倚天屠龙记》里张翠山与殷素素流亡冰火岛，结为夫妇，恩爱两不疑。重返中原后，却做了亡命鸳鸯。与世隔绝的孤岛，未必不能成就一段长久幸福，有时候，远离尘世的喧嚣，反而能够让两颗心灵更加靠近。

在那段最艰难的岁月里，钱钟书和杨绛如一对患难夫妻，在夹缝中苦苦生存，却也在夹缝中寻觅到文学的乐趣。他们素来琴瑟和鸣，若是生在古代，或许是司马相如同卓文君，或许是赵明诚同李清照。那时，杨绛为上海的一个剧团写了一个叫《称心如意》的剧本，李健吾亲自上阵，黄佐临导演，上演之后，大获成功，一时好评如潮。这是一出喜剧，经历人世苦涩酸辣的主人公最后终于时来运转，不仅获得了大笔遗产，还遇上了真爱。当真无比圆满，或许正是因为外头的现实太残酷，天上的战机压云，街头武装的日军戒备森严，这样一触即发的紧张里，唯有看一场大笑的戏，方能够忘却悲哀，记起原来生活里也曾有如斯美好，未来并不远，一切都还有希望。

《称心如意》的成功大大激发了夫妻俩的创作欲望，他们结伴同行，在文学的浩瀚海洋中肆意游弋，就连杨绛自己都说过："每天晚上，他把写好的稿子给我看，急切地瞧我怎样反应。我笑，他也笑；我大笑，他也大笑。有时我放下稿子，和他相对大笑，因为笑的不仅是书上的事，还有书外的事。我不用说明笑什么，反正彼此心照不宣。"

当真是有妻如此，夫复何求。他们是世上最神奇的一对夫妇，若不是彼此，或许后世我们依旧会看到钱钟书和杨绛这两个名字，但后来人所看到的名字，或者不会是此时这样的光芒如星。赵景琛先生曾撰文记叙：钱氏夫妇在自己的记忆的屏幕里，"像百朗宁和罗塞蒂那样，都是文艺上的双璧，一对理想伴侣"。

这对理想伴侣在上海交到了许多朋友：傅雷、刘大杰、曹禺、陈西禾、李健吾，等等。他们都是为这对夫妻的才华所吸引，相识相交后又深深钦佩两人的学识和为人。朋友并不容易交，尤其是真正的朋友，那像真爱一样难以寻觅。惺惺相惜，物以类聚，说得并不假。或许人和人之间真的存在一种微妙的磁场，散发相似的讯号，在茫茫人海中一眼看到，心里便有轻微一动。你是山野间迷茫的雾气，你的朋友或许便是重重青翠中的挺拔松柏；你是碧海中的一尾游鱼，你的友人或许便是珊瑚礁底的柔润珍珠；你是眼眶中的晶莹液体，你的朋友或许便是那一道长长的如同蝶翼的睫毛。看，就是这样奇妙，怦然心动的时刻，不只是激素高度分泌的瞬间，也可能是遇上了一段美丽友谊。

杨绛有一个闺蜜叫陈衡哲，是北京大学的教授，有一次她去陈衡哲家中，碰巧胡适也在。在当时，胡适的地位说是文学泰斗都不为过，他的门生几乎遍布天下，知交亦是散布四海。说他是一位文学家，其实说他是社会活动家亦是不为过。他一见到杨绛，便对她说：我认识你的姑母，认识你的叔叔，你老娘家是我的先生。上海话中的老娘家指的便是杨绛的父亲杨荫杭。杨绛刚开始并不相信，因为父亲丝毫未提及自己还有这样一位名满天下的学生，后来钱钟书为她研究了一番，发现胡适说的确有其事，他确实是听过杨荫杭的课的。

后来有人说钱氏夫妇尖酸孤僻，朋友甚少，只能一家三口相依为命。这种话十分可笑，他们的朋友虽然算不上多，可为他们人品、学问所折服的人却绝不算少。在抗战即将结束，胜利的曙光即将洒满中华大地的时候，钱钟书夫妇时常去傅雷家中，他们两家离得近，于是便经常相聚在傅雷家那个简单古朴的小客厅中。沦陷期知识分子们在上海的日子并不好过，而这种日子也不知道何时是尽头。一群人坐在一起，各抒己见，很是有点谈而论道的意思，众人津津乐道，在黑暗中谈笑风生，纵使是苦中作乐，也能收获一点清淡隽永的甜。

傅雷的家书写得严肃刻板，可他实在不是一个严肃的人。在钱氏夫妇眼中，这位朋友时常拿着一个烟斗，面带微笑，听人说话时神色十分专注、凝重，听完之后又轻轻笑了起来，看上去格外亲切。其实傅雷是不轻易笑的，对待自己的孩子更是十分严厉，杨绛就曾在散文中记叙了一件傅雷教子的事情：两个孩子有一次偷听大人讲话，屡教不改，被傅雷狠狠训斥了一通。那两个孩子在这种严厉家教中都长成了出众的人才，傅聪更是成为了有名的钢琴家，这同父亲傅雷的教导是密不可分的。而严厉的傅雷，看穿了钱氏夫妇心中的那一面柔软与真诚，于是对待他们亦是格外柔和。

《围城》的出版在《称心如意》之后，看了《围城》之后，有朋友这样对杨绛说：原来你家里的那位才是真正会写作的啊。这些朋友，都是有真才实学的人，所以能够一眼看出《围城》的不凡之处。一开始，关于这本书的褒奖是纷至沓来，有人说这是当代的《儒林外史》，将现下知识分子的脸孔勾勒得突兀分明，也有人称赞其中的语言，才三百多页的书中就有七八百个比喻句，作者的语言功底实在是超凡脱俗极了；而《围城》中的哲学思想也有人进行了专门研究，甚至还有人写了长篇大论，专门论述其中的哲学意图。此外还有人对它进行了续写。

当人们对一部作品进行续写时，莫不是出于这本书已深入人心的原因。在美国作家米切尔夫人的《飘》里，男女主人公最后面临分道扬镳，不少作者希望他们最后能厮守一生，于是产生了许多续作版本。而许多读者也希望方鸿渐能够和真爱唐晓芙在一起，或是发现了人生的真谛，不再随波逐流、碌碌无为。他们将这种想法写了出来，延续了《围城》的人物设计和风格，但比起原著来，终究没有得到钱钟书笔法的精髓。

虽然如此，却可见《围城》已成为了当时人们的大热话题，若是当时有微博，或许关于《围城》的话题可以飙升到话题榜。一部真正的文学作品，拥有这种震撼人心的力量并不奇怪，因为它传达了关于现实的一些反思，文学性和现实度都达到了完美巅峰。一部《围城》，倾倒了多少人，折服了多少平凡或骄傲的灵魂，然而，钱钟书却并不在意，他并不因为《围城》的大获成功而沾沾自喜，肤浅地骄矜自傲，甚至在他眼里这并不是一部理想的作品——他的追求，从来就不是如此。

花月山深，夜影婆娑。淡淡的硝烟里传来低浅的歌声，黎明和晨光，仿佛已近在咫尺。黑暗如水，夹杂着血泪与汗水，顷刻间成为一去不返的绝唱。天地之间，即将迎来一场瑰丽的重生。经历了残酷和压迫的人们，亦将要抬起沉重的头颅，看见一斛清亮的阳光——美好，触手可及；繁花如锦，悄然而来。即将过去的绝望时期，是生活的悲哀，却也有人说，是文学的盛典。是的，文学是容不下平庸的，淡如水的生活无法写就传奇，就像深海的牡蛎，若不是经受过风沙的疼痛摧残，又如何酝酿一滴深海的透明之泪。而《围城》，便是上海围困时期，最璀璨的明珠。

幽默旧时光

一九四五年，曾霸占了大半个华夏大地的日本，终于低下了头，签署了投降协议。那是一场属于全中国的胜利，难以想象，当那被期盼了多年的时刻随着广播声正式上扬碧空，饱受沧桑的人们，是以怎样的欢呼和泪水，迎接这场胜利的。为了这一刻，中国付出了巨大的代价，但亦是为了这一刻，付出多少代价都在所不惜。生命诚可贵，爱情价更高。若为自由故，两者皆可抛。那一刻，整个中国是自由的，所有的伤害和践踏，都将在胜利的旗帜下淡去，美好的未来，仿佛顷刻间洋溢在每个人的胸膛。

它带给钱钟书的震动更是巨大，他没有说话，没有像普通人一样热泪盈眶，用欢呼和嘶喊表达心中的快乐。作为一名博古通今的学者，他想得更多、更全面。民族的曙光近在眼前，他却想起了杜甫的诗："国破山河在，城春草木深。"他知道，胜利终究会属于这个民族，这个饱受血泪而坚韧的民族，纵使国家灭亡，可山河还在，战士还在，一切都有希望。

八年的时光是那样漫长，又是那样短暂。在这残酷的八年里，杨绛先后失去了母亲和父亲，而当年襁褓之中的阿圆，却已出落成了亭亭玉立的少女，骨骼纤细，眉清目秀，或许再过几年，她就长成了当年他古月堂前初遇她母亲时，聪慧秀丽的模样。现在的他们，是生活在自己的国土上，不必低头，不必诚惶诚恐，不必眉眼低垂地走在大街上，生怕一个举动不慎就惹来日本人的注意。生活上的自由也带来了思想的解放，钱钟书笔耕不辍，文思如泉涌，比往昔更加勤奋地投入了创作工作。

心情愉快了，笔下便更是妙语如珠。钱钟书素来是个幽默的人，现代文学史上像他这样的幽默大师并不多，林语堂算一个，周作人算一个，可林语堂的幽默里透着小资闲适，周作人的幽默里带一点平和冲淡，钱钟书的幽默是笑中带泪的幽默，分明是笑了，可心里的某一处却是在隐隐作痛的，仿佛有犀利的一角划过柔软的心，激起了阵阵酸楚。

当时的中国百废待兴，文学亦不例外。虽然中国有着五千年的历史，更是被誉为诗歌的王国。但是同体系完善的西方文学比起来，中国文学是缺乏全面性和系统性的，包括幽默文学和小品文都没有比较完整地发展起来，大众对于这些的认知是相对模糊的。于是，钱钟书便针对幽默做了一场精彩的论述，他在《说笑》中提到自从幽默文学提倡以来，卖笑变成了文人的职业。幽默当然用笑来发泄，但是笑未必就表示着幽默……老实说，一大部分人的笑，也只等于马鸣萧萧，充不得什么幽默。一开始，便是钱钟书典型的风格，引经据典，侃侃而来，风趣里引人深思。

实际上，幽默文学在中国文学史上的开端十分早，司马迁的《史记》里有七十列传，其中专门就有《滑稽列传》。但开始得早，却并不意味着人们能够真正明白幽默的含义。钱钟书就说过，一般人并不是因为听明白了幽默的意味而发笑，他们通常用笑来掩饰自己的毫无幽默感。而笑的原意，在这种矫饰里逐渐淡去。他将幽默的精髓掏出来，给人们看，使人们在这种论述中真正明白幽默的含义。而他的论述，便是一种真正的幽默。

他像是一个旁观者，从容淡定地隔岸观火，却时不时一针见血地说上几句，寥寥数语，就隐藏着幽默的力量。他是平静的，亦是睿智的，仿佛一个活了四百年的老人，虽然平淡，一句话，一个眼神，却都容不得忽视。

在抗战胜利后，直至中华人民共和国成立，钱钟书和家人都没有离开上海，这里对于他们来说，不仅仅有着温软的回忆，也有着令人期待的未来。他们都是恋旧的人，尤其是钱钟书，在一个地方住得久了，便不愿迁徙到另一个陌生地方重新建立人际网。抗战时期，他为了养家糊口，找了三个工作，一个是国立图书馆的英文编辑，一个是英国研究委员会，还在暨南大学授课。这三份工作，随着时间的流逝，钱钟书都越做越好，人际关系也处理得很好，没有像在国立西南联合大学时期受人排挤的情况发生。而杨绛也不愿离开上海，他们在上海有许多亲故旧交，一时半会儿地也离不开。因此将近五年的时光，他们依旧继续生活在上海。

一九四八年，内战的硝烟随风而来，中华大地陷入一场新的战乱里，而这一切也将近尾声，新的黎明和希望即将席卷华夏。也正是那一年，钱钟书出版了最后一卷于抗战时期完成的书稿——《谈艺录》。这部学术性浓厚的书是在毛边纸上写成的，记录了当时的艰苦卓绝，也证明了钱钟书的一片赤诚和专注。该书完成于抗战时期，却又在胜利之后反复修订，直至定稿，倾注了钱钟书的无数心血。

或许正是因为钱氏夫妇都是专注于书林的读书人，他们更能清楚地看到历史的发展，明白历史的轨迹终究是站在大众那边的。抗战胜利后，狂欢过后，很多人面临着人生的选择。该何去何从，究竟是站在哪一边，这不只是钱钟书夫妇面临的问题，也是当时许多政客和知识分子需要做出的选择。在历史的洪流中，钱氏夫妇选择留在上海，接受共产党的领导。

怀着一颗澄净的心，看云卷云舒，花开花落，听上去是那般优雅，做起来却并不容易。浮云扰扰，万事悠悠，多少人在碌碌的尘埃里遗失了纯净的心，忘记了那个最初的自己。而在那个风云际会的年代，做到这一点更是多么的不容易。然而，钱钟书做到了，自始至终，他都像是一个干净透明的孩子，敲击在窗上的雨声再大，也惊动不了他坚守的心。

卷七
Chapter·07

叹时光·『时光倒流，我还是照老样』

钱钟书和杨绛是幸运的、乐观的。他们没有被巨大的风雨影响到。外界雨声越是激烈，他们的心中便越是澄净。或许在这样鲜明的对比下，才能够看出渺小的人可以拥有的心的强大。钱钟书和杨绛相互扶持地活着，亦是因为，他们还有活下去的理由，生命那样宝贵，他们必须安静走完全程，哪怕这个过程，并不容易。

历史的洪流

一九四九年五月，春夏交接的时节。蝉声细微，流淌于荫荫树木间如一缕流水，顶着初露狰狞的日头，一封邀请函辗转南北，送至钱钟书家中。这是一封来自清华大学的邀请函，彼时，北平被和平解放，吴晗已被中央任命为清华大学历史系主任兼文学院院长和校务委员会主任委员，他素知钱钟书学富五车，上任之后即刻邀请钱钟书夫妇前往清华大学执教。

时光聚散，恩怨早已远成触不到的往事。对于吴晗的邀请，钱钟书欣然应允。不久后，夫妻两人携女北上，一同坐上了前往北平的火车。车窗外，人声鼎沸，行人来来往往、步履匆忙，太平里的热闹看了，也不觉得令人心烦。因为此时的喧嚣，总是带着一份隐约的欢喜，每个人的行踪，都由自己做主，没有喋喋不休的盘查，也没有诡秘危险的跟踪，所有人都成为了自己的主人，当家做主的喜悦，洋溢在每个中华儿女的脸庞上。

这段北上的旅途，或许使他们都回忆起了当年的情景。那时，他们都还年轻，怀着一颗闯荡的心，自由地奔向梦想的殿堂。一路上风萧萧，绿意如流水匆匆而过，掠过他们青葱的鬓角，谁可想到他们会携着手一同浪漫地老去。时光不曾辜负过他们，梦想已触及，而爱情的结晶也健康地成长着，偶尔俯身过来，在父母耳畔说一句甜蜜的悄悄话。

幸福，不过如是。

八月二十六日，一家三口抵达北平。钱钟书和杨绛重新踏入了清华大学校园。风景依旧，而昨日已成往事。他们在这里相遇，相知，相爱，又从这里走向辽阔世界，十余年后功成名就地归来。像是一个宿命的圆，这里是毋庸置疑的起点，亦是终点。在钱钟书几十年的余生里，除了后来短暂的干校之行之外，他们再也没有离开过北京。钱钟书在清华大学的主要任务是指导研究生，学以致用，这再好不过，而那时，他不过三十九岁，还未到不惑之年。

由于清华大学有规定，夫妻俩不能同时在清华大学担任教授，因此杨绛只能在清华大学中兼任教授，不算正式职工，关于这点小小的不公平，杨绛也不以为意，她像她丈夫一样用一种闲淡口吻自嘲自己是散工，世间任何女子，若是有杨绛那样的豁达心胸，都是十分加分的。夫妻两人都是外文系的教授，两人一同研究学问，夫唱妇随，但杨绛有问题却轻易不会去问丈夫，因为她生怕打扰到他，所以她自食其力，自己去查字典或资料，断然想不出时才找机会问钱钟书，而丈夫的回答，不仅极快，而且头头是道，每次都令她十分崇拜。

清华大学不仅仅是两人的母校，他们的许多老同学老朋友也都在这里。当时的清华大学校长是叶企孙，文学院院长是吴晗，赵诏熊是外语系主任，都是两人的旧故，而北京城里又有沈从文、张兆和、梁思成等好友。重归这个交际圈，几乎不需要磨合与融入。钱钟书和杨绛都是不爱客套形式的人，偏生新中国百废待兴，自然有说不完的事情，作为清华大学教授，开会是寻常事，钱钟书却对此十分头痛，甚至在给友人的信中发牢骚，抱怨例会之多。

可除了开会，钱钟书对生活是知足的。虽然那时他们生活得十分清贫，远没有在国外时那样悠然自得。他们家中的客厅，连椅子都没有，只有两个竖起来的木箱子，有朋友来了，就请他们坐在木箱子上，招待他们。北方的冬天极冷，可他们也烧不起火，只能挨着冻做学问。条件是非一般的艰苦，可两人还是觉得快活、充实。生活就是需要不断地追求和努力，才不会在灯灭时分觉得空空荡荡，连做梦都不香甜。除了上课和开会之外，钱钟书和杨绛总是借着昏黄的灯火，专心致志地做研究。那时，没有计算机，没有数据硬盘，信息储存和搜索都只能依赖头脑，所幸钱钟书记忆力极好，文史领域范围内的知识，鲜少有他不知道的。

城内的朋友时常同钱钟书与杨绛联络，城外的朋友也会来探望他们，定居上海时的好友傅雷便曾来清华大学探望他们。傅雷是著名的翻译家，尤其精通法语，吴晗得知傅雷将要来清华大学，很是心动，打算将他留在清华大学任教，然而傅雷对教授法语毫无兴趣，反而愿意成为美术评论的教授，然而当时清华大学并没有开设这门课，无奈之下，吴晗只好放人回上海。

二十世纪五十年代初，中央宣传部打算将《毛泽东选集》翻译成英文，为此，中宣部特意成立了一个英文编译委员会，至于人员组成，英文讲得炉火纯青的钱钟书自然名列其中。然而，对于这桩差事，钱钟书心知肚明，这并不是一件容易的事情，他们专心学问，却并不是书呆子，自然明白政治的危险性。他甚至同杨绛说，这桩差事，不求有功，但求无过。只要能平平淡淡地过去就好。他心里再不愿意，却也无法将此回绝，在他答应前往工作的那天，在外交部工作的清华大学同学乔冠华特意赶来祝贺。虽然受到了隆重的欢迎，可钱钟书的心里，却是沉甸甸的。

钱钟书离开之后，家中只剩下杨绛一人。当时，阿圆已经在城里的寄宿学校读书，除了节假日很少回来。杨绛牵挂着丈夫和女儿，便养了许多猫，来排解寂寞。其中有一只叫作花花儿的小猫，很是得钱氏夫妇的钟爱，杨绛曾为了这只小猫特意写了一篇《花花儿》，就连钱钟书也给这小猫写过诗。这样的殊荣，就算是人，天底下都没有几个，可以说，这当真是天下最幸运的小猫了。

社会秩序的新建，必然有人无法适应，但是在历史的洪流之下，个体的悲欢忧惧是渺小的沧海一粟，任是谁都无法违背历史逆流而上，因此，人们只能调整自己，去适应和迎接新生的挑战。

在一片“红流”中白了发

人，究竟有多渺小呢？在茫茫的宇宙里，在浩瀚的尘世里，在望不到尽头的人海里，人是多么轻微的存在啊。宛如一颗沙砾，宛如一片轻鸿，宛如一缕烟雾，仿佛一瞬间就能够消散得无影无踪。这样轻微渺小的存在，或许只要历史一根手指头，就可以将它碾碎成粉末。在漫长的历史中，有太多太多这样的小人物，浩荡的云烟，由他们的笑容和眼泪组成，最后他们却被历史伤害或遗忘，像无心丢弃的玩偶，多年后都不再提及。

幸而，钱钟书和杨绛是幸运的、乐观的。他们没有被巨大的风雨影响到。外界雨声越是激烈，他们的心中便越是澄净。或许在这样鲜明的对比下，才能够看出渺小的人可以拥有的心的强大。

一九五二年，清华大学各院系响应国家政策，对各院系进行了调整。当时，国家提倡经济发展，对理工科也就相应重视，文科相对而言有所忽视。而钱钟书夫妇都是外文系的教授，如此一来，未免有些“多余”，加之外国文学在中国一向是不被重视的，于是他们便退出了外文研究所。对于这样的命运，他们并无怨言，国家的方针政策，不是一人一言就可以改变的，他们唯有顺应历史的发展。

但那时，他们并未想到，这只是一个开始。

《毛泽东选集》出版之后，政府开始对知识分子进行改造。早在一九五一年的九月，周恩来总理便在京津高校教师学习会上，做了一份《关于知识分子的改造问题》的报告。在这份报告中，知识分子被要求站在人民立场上，认真学习，展开批评和自我批评，让自己成为文化战线上的革命战士。

在当时，这场运动是受到不少知识分子的欢迎的。他们真心地热爱着这个国家，认为自己确实应该受到革命的洗礼，应该让革命的红色热流洗涤自己的灵魂。时间日久，他们终于发现，当初的炽热其实有些偏激，他们应该用更加平和公正的态度去看待这一切，包括后来对这场运动的评价。不是对错的分别，在那个年代，当人心被高高激荡，思想和领悟都并不是在平静状态下产生的，他们只是追随着心的方向，去思考，去奔跑，等到停下来的时候，才发现自己已跑到无人的旷野。

在红色激流的席卷下，清华大学也失去了往日的宁静。它被改名为工科大学，文科部分被并入北京大学。钱钟书夫妇则被派往新成立的文学研究所，隶属北京大学。这个文学研究所的所长是著名的作家郑振铎先生，他还兼任古代文学研究组组长，或许是出于文人之间的惺惺相惜，他十分赏识钱钟书，甚至将钱钟书从外国文学研究组调到了古典文学研究组，自此之后，钱钟书再也没有回到外国文学研究组中去进行过他的工作。

气氛日益紧张，一向醉心学问的钱钟书也感受到了这种凝重的气氛。他虽然不参与政治，但他熟读历史，对于历史的演变，他本能地发现了一些不同寻常的东西。于是，他变得小心翼翼，拿出十二分精神来，应付可能会发生的事情。但是，再小心谨慎，也难以逃避被“批斗”的命运。那是一个人人自危的年代，夫妻、父子、师生，所有的道德关系都被打乱，群情激奋的红卫兵们打着“革命”的旗号，在这片沉重的土地上到处横行。那时，批判是唯一的主题。

作为国内知名的学者，钱钟书夫妇自然无法避开这个主题。一日，也就是一九六六年的八月九日，杨绛下班回来，半分苦涩半分调侃地对钱钟书说，今天她被揪出来了，他那里又怎样了呢？钱钟书平静地回答，现在还没有，但或许也快了。他心里有那么一点预知，当身边的人们都被批斗过，被安上所谓的罪名，那么凭什么他钱钟书，就会被命运眷顾，得以逃脱呢？他像是迎接宿命一样，迎接这场批斗，不急不躁，不怒不悲。

那一日很快到来了。他很平静，仿佛被安上罪名，拉出来在众人面前示众的那个人不是自己。他像是在看一场闹剧，剧本是黑色幽默的主题，导演是一群迷失了心灵的年轻人，观众是不敢抬头不敢出声的中国人，而主演，就是他。在这场闹剧里，他被安上了“资产阶级学术权威”的罪名，戴着纸帽子和名牌，接受无产阶级的批斗。而妻子杨绛的罪名则是“资产阶级学者”。其实这个罪名，说来可笑，几乎也是对夫妻俩的一个肯定，一位是学术权威，一位是学者，只不过前面带了资产阶级的字样，就必须被打倒。

他们都不用再去上班，接受改造是他们唯一的工作。有一次，钱钟书被剃了个十字头。这种头型十分可笑，顾名思义，就是头发被剃成了十字。一向乐观的钱钟书对此倒是有点发愁，这种发型出去实在是没法见人。还好杨绛下班回来之后，帮他把所有头发剃掉，虽然成了个“和尚”，好歹还能继续接受“改造”。糟糕的事情当然还不只这个，那段时间，钱钟书的背上经常会被沾上唾沫、鼻涕等脏东西，杨绛的头发也被剪掉，各种奇形怪状的事情层出不穷，仿佛所有的人，都像是在一夕之间疯狂了一样。

钱钟书被剪了个十字头，杨绛则被剃成了阴阳头，当时被打倒的女性知识分子大多遭到了这种待遇，头发一半被剃光。可是杨绛总不能像钱钟书一样当个“和尚”，看到这种情况，一向冷静的钱钟书终于无法冷静了，他像是困兽一样，不断地问妻子，到底该怎么办。这个世界怎么会变成这个样子，究竟还要多久，它才会恢复原来的模样。

她柔声安抚他，终有一日，总会有那么一天的。看着自己糟糕的发型，她终于想出了个办法，做了一顶假发，出门时总算能遮掩一二。但条件有限，假发做得并不好，走在外面时经常有小孩子跑过来拽头发，无奈之下，杨绛只好买了一顶帽子来戴。可这终究不是长久之计，她只好减少了出门的次数，就连买菜也让钱钟书代劳了。

但这并不是终点。红卫兵们甚至打算给钱钟书安上“轻蔑毛泽东著作”这样的罪名，只因为他曾翻译过《毛泽东选集》。这是钱钟书最为担心的事情，早在他接受这个任务时便心存隐忧，没想到这个担忧竟然成了事实。如果这个罪名被落实，那就不是游街剃头示众这样屈辱却不伤及性命的事情了，等待他的命运将会变得更加黑暗。为了自救，他们写了份小字报，交给有关人员，希望事情的真相被调查清楚。在两人的协力合作下，钱钟书才算是逃过了此劫，但杨绛却因此遭受了牵连，被拉出去游街示众了。

这个世界如此混乱，黑白颠倒，是非不分。人们不晓得这样的日子究竟何时才是尽头。有许多人看不到曙光，苦难消磨了最后的心志，为了保住最后的气节和自尊，他们选择了自我了断，在茫茫的黑夜里，了结了一切希望。这样的事情并不少见，钱钟书夫妇身边就有不少同事、朋友，不堪忍受屈辱，毅然结束了生命。杨绛最害怕钱钟书也这样想不开，虽然事情这样糟糕，可只要人还活着，一切都还有希望。人生最害怕的事情不是身陷绝境，而是黎明即将到来，生命却已经终止。

俗语说：“留得青山在，不怕没柴烧。”只要人还活着，就不怕看不见明天的阳光。关于这一点，他们就做得非常好。每当心里有所郁结，他们并不是将惆怅困在心里，渐渐堆积，最后难以遏制。他们总是将黑暗的情绪讲出来，彼此安慰劝解，鼓励对方绝对不能轻言放弃。正是因为黑夜里还能够彼此取暖，他们终究没有走上绝路。他们像是对方人生道路上的一盏灯，光芒不够明亮，却可以温暖心头，照亮脚底的道路。

在这场风暴中，为了自保，有太多父子断绝了关系，夫妻离开了对方，朋友划清了界限，甚至是互相揭发彼此。人性的真伪在历史这面镜子之前原形毕露。而钱钟书和杨绛，却始终没有松开彼此的手。不管多么艰难，多么痛苦，他们都守护在彼此的身侧，不曾离去。如果说他们之前的爱情像是一场童话，那么此刻，还有什么童话可以如此壮丽坚贞，生死不渝地握紧双手。经历了这场非难，他们是不幸的，可他们亦是幸运的，因为这场风雨让他们的灵魂更加紧密、完整与自由。

五七干校

杨绛写过一本名叫《干校六记》的散文集，记叙了她同钱钟书两人在“文革”时期下放干校的生活，语气是平平淡淡的，仿佛他们所经历的任何事情都是寻常，不伤不怨，像极了夫妻俩的为人风格。干校是“文革”期间一个神奇的存在，而钱钟书下放的五七干校，则是所有干校中最神奇的，这所干校，囊括了当时中国许多著名知识分子，钱钟书和杨绛，正是其中接受改造的成员。

一九六九年，钱钟书被下放至五七干校。此时他已是五十九岁的年纪。六十岁，在中国人的传统心理上，已经是一个该颐养天年的老人了，然而这位老人，却必须离开北京，前往外地接受改造。此前，钱钟书和杨绛是在北京干着十分辛苦的体力活。钱钟书打扫大街，杨绛则清扫女厕所，这些劳动由一群本该是在研究所里从事研究的学者来完成，而那些骄狂无知的人则高高在上地监督他们，这是令人感到啼笑皆非的。这种生活，一直持续至那一年的十一月，北平已开始布满寒流，冷空气弥漫在整座京城，如同一只无形而残酷的手，肆意玩弄着所有人的命运。钱钟书回来，告诉杨绛，他就要跟一群干部一起被下放到五七干校了。

分离，就在顷刻之间。

其实他们一向是聚少离多的，年轻时订婚之后，他留在南方，她却北上去完成学业。学成归国之后，他又为了理想和生活离开小家庭，天南海北地去闯，好不容易中年之后在清华大学有了一席之地，转眼间这种温馨生活却被狠狠打破！而这次一别，却不知何时才能重逢。他们都已经老了，这种不知尽头的折腾，真的不知道能够撑到何时。

杨绛和女儿还有女婿一起送走了钱钟书。火车站一向是个见证离别的地方，花白了头发的钱钟书透过车窗，他看见了妻子脸上的隐忧，女儿眼中的不舍，也看见女婿头上斑点的白发，他挥了挥手，示意他们早点回去，仿佛这样就可以让他们安心一点。他不知道，这是他最后一次看到女婿王德一了。

其实女婿也是一直被人批斗着的，有人说他手里有“五一六”反革命分子的名单，所以一直有人强迫他将这份子虚乌有的名单交出来。王德一是一个性情耿直的人，他不愿意欺骗任何人，这种困窘的境地将这样一个老实人生生逼上了绝路。关于此事，杨绛没有告诉钱钟书，生死这样痛苦的事情，她不愿连他也一并承受。

五七干校在河南的罗山，钱钟书等人被安排睡在一间曾经当过改造营的营房里，没有床铺，没有被子，所有人都只得一个小小的草铺，条件艰苦得令人瞠目结舌。钱钟书一贯是在杨绛的精心照料下生活的，就算是抗日战争时期，生活无比困窘，他都没有吃过这样的苦。但他终究还是熬过来了，或许是他始终不敢细想，为何事情会如此糟糕，为什么世界变得这样黑白颠倒，思考其实也是一桩痛苦的事情，有时候，将心一横，麻木而浑噩地生活下去，像傻子一样活着，或许比聪明人要幸运许多。

他是来接受知识分子的改造的，每天都要接受解放军宣传队的再教育，日子过得自然苦涩无比。可幸好，不久后，杨绛也被下放到河南罗山附近，虽然不是在同一所干校，可夫妻俩总算是在同一个地方，就算是有照应也好一些。可他并不知道杨绛心里的牵挂，她将女婿的死讯瞒住了他，自己却独自牵挂着一人在京的女儿。阿圆是他们的独女，自小是被捧在手心里长大的，她也争气，一直按照他们所希冀的那样长成正直、透明的女子，在这场运动开始初期，由于他们夫妻的关系，阿圆被所有革命团体排挤，她没有伤心，独自去了延安，还画了一幅延安塔寄给父母。她没有像许多干部子女一样，为了融入革命小团体中，而做出一些违心的事情，她一直保持着自己独立、纯净的人格，他们很开心。

而后来，他们的阿圆遇上了喜欢的人，结了婚，原来以为可以就这样幸福美满地生活下去，孰知多年后竟然是这般生死相隔的结局。都是女子，她知道女儿心里的伤。离开北京时，阿圆来送她，可在她眼里，却仿佛是她在送阿圆，从此后，就是阿圆一人孑然留在北京，夜半睡醒时，她连一个哭的怀抱都没有。

杨绛没有将心头的忧虑告诉钱钟书，在偶尔的探亲中，她发现这个一贯来被自己照料得很好的人，真的变成了个又黑又瘦的老头子，他看到她，干瘦的脸上笑了笑，就像什么事情都没发生过那样笑了笑。可他们都知道，这个笑容，有多么沉重。就算是在同一个地方，他们还是不能时常相聚，这是多么可笑。在那样的境况下，连夫妻都不能自由相见；可他们还是幸运的，因为那时，能够如他们一样被下放到同一个地方的夫妻并不多，他至少还可以同她说一说自己这里发生的事情，她也可以力所能及地照顾他，像在英国时洗干净他弄脏的桌布一样，熨平他生活中的一切小差错。

在干校的工作其实并不十分艰难，杨绛是管菜园的，菜园距离钱钟书的宿舍不远。钱钟书则是负责看守工具的，杨绛的班长常派她去借工具，于是，杨绛后来在《干校六记》中写道：“同伴都笑嘻嘻地看我兴冲冲走去走回，借了又还。”钱钟书的专职是通信员，每天下午要经过菜园到村上的邮电所。“这样，我们老夫妇就经常可在菜园相会，远胜于旧小说、戏剧里后花园约会的情人了。”天气晴朗的时候，他们就在岸上坐一会儿，晒晒太阳，说说话儿；有时时间匆忙，必须马上赶回去，他们就站着说几句话就走。钱钟书平日三言两语，断续写就的信，就在这时交给杨绛。她则陪钱钟书走一段路，再赶回去守菜园，“目送他的背影渐远渐小，渐渐消失。”一如古代戏本里的才子佳人，一样的缱绻情深，一样的为爱再辛苦亦甘之如饴，唯独不同的是戏本里的人还正值青春美貌，钱钟书和杨绛却已老去，可花甲之年的两个老人依旧深爱着对方，这样的爱情，穿越了时光和生死，残年余香里，更散发着一缕幽幽动人的香。

在这段黑暗时光中，幸好有彼此的温暖双手，他们才能相互支持着，直至天明。而曙光，就跟着时间的脚步慢慢移动。一日，杨绛回到自己的住处，那是一所寄住的民房，她掀开被子，却赫然发现床上有一只死老鼠，已开膛破肚，一旁还有一堆老鼠的内脏。她心里一冷，被吓了一跳。这只死老鼠自然是请人帮忙丢出去的，那人还告诉她这或许是猫儿们的恶作剧，不用放在心上的。但她忐忑不安，怎么都不认为是个吉兆。后来，她将这件事情告诉钱钟书。钱钟书的看法却很有趣，或许他只是为了安慰杨绛，可这种安慰法却十分神奇，大约也只有像钱钟书这样的人才能想出来。

他说，老鼠的身躯和内脏分成两堆，离也；鼠者，处也。它们连起来就是离开此处，可不是大大的吉兆吗？冥冥之中，上苍正在预示着他们可以离开这个地方，回到北京。钱钟书的这个说法安慰受惊妻子的成分居多，然而，没想到的是，钱钟书的文字游戏居然成真，他们真的迎来了未来的曙光。

司马迁的《报任安书》中说："古者富贵而名摩灭，不可胜记，唯倜傥非常之人称焉。盖西伯（文王）拘而演《周易》；仲尼厄而作《春秋》；屈原放逐，乃赋《离骚》；左丘失明，厥有《国语》；孙子膑脚，《兵法》修列；不韦迁蜀，世传《吕览》；韩非囚秦，《说难》《孤愤》；《诗》三百篇，大抵圣贤发愤之所为作也。此人皆意有所郁结，不得通其道，故述往事、思来者。乃如左丘无目，孙子断足，终不可用，退而论书策，以舒其愤，思垂空文以自见。"

那些受尽苦楚的人选择活着，伟大地活着，比选择死要更伟大几倍地活着，是因为心中的火还在燃烧，因为梦想还没有完成，因为还有许多事情没有做完。而钱钟书和杨绛相互扶持地活着，亦是因为，他们还有活下去的理由，生命那样宝贵，他们必须安静走完全程，哪怕这个过程，并不容易。

重返京城

《干校六记》出版后，台湾有书评说：卑微是最好的隐身。忽然想起，有一部电影叫《隐秘且伟大》，或许卑微、隐忍、伟大这三者之间，是串在一根草绳上的蚱蜢，当苦难猛然间降临，收敛光芒，穿上平庸，是保存自己最好的方式。“枪打出头鸟”这句古语说得并不假，这时候的隐藏不是因为害怕，而是因为睿智，“明知山有虎”最正确的做法不是“偏向虎山行”，有时绕路走，未尝不好。此时的卑微和隐忍，都是伟大的。

钱钟书在“文革”时期的人生注脚或许就是如此，他将身上的光芒卸下，成了一个最普通和平庸的老人，他低着头，敛去眸间的犀利，像一位本来就在土地上刨食的老人那样，每天劳作着。有一日，妻子杨绛高兴地告诉他，她听闻上头来了一批可以回北京的名单，上面的人都是干校的老弱病残，而钱钟书的名字也在其中。她想，就算自己还不能回去，钟书先回去陪陪阿圆也是很好的，父女俩自小就要好，想来有了钟书的陪伴，阿圆不至于太孤单。

对这个消息，钱钟书没有如杨绛一般兴奋，这种真真假假的消息，这些年来他听得也不少了，能够回去固然好极了，但在这里生活，他也已习惯，可以安之若素了。名单当真下来，证明杨绛的消息并不准确，上面并没有钱钟书的名字。杨绛沮丧得很，钱钟书反倒安慰她，这次回不去，下次肯定是能够回去的。反正在罗山已经待了这么久，又何妨再多待一段时间呢？

一九七二年三月，初春，北方的春风来得晚，冰雪也融得晚。当温暖的河流破冰而出，北上的归燕如纸鸢掠过天际，第二批放还名单终于姗姗而来。幸运的是，这次回北京的人员中不仅有钱钟书的名字，同时也有杨绛的名字。久经风霜的两个老人，终于能够携着彼此的手，一同踏上归程。

虽然“文革”还没有彻底结束，它像一只穷途末路的老虎，还在竭力支撑着，但谁说就没有彻底结束的那天呢？只要耐心等待，安静地、沉默地、温和地去接受和守候，总会有结束的那一天。

回到北京的日子其实也并不好过。钱钟书和杨绛自然是和女儿钱瑗住在一起的，女婿自杀丧生的消息钱钟书已得知，白发人送黑发人的痛苦，令他沉默了许久，但为了阿圆，他没有将这种悲伤流露出来。当时北京有一种政策，就是让所谓的革命家庭与“资产阶级学术权威”住在一起，美其名曰让革命的光辉洗涤资产阶级的心灵。对于钱钟书来说，这种痛苦还不如让他继续在干校中劳动。至少干校中一起接受改造的，都是相对有文化的知识分子，彼此可以顺畅交流。

但此时，他的交流人员，仅限于妻子和女儿。住进来的那个“革命家庭”的水平是可想而知的，他们无知而鄙薄，狂妄自大且任性妄为，杨绛为钱钟书请来了一位钟点工，就连这位钟点工他们也要霸占利用。无赖撒泼，更是家常便饭。有时候，知识并不代表一切，目不识丁的老农也有温柔善良的心，懂得理解他人，帮助他人。

但有些人却像是无赖一样，蛮横无理，稍有不顺心的地方，就大吵大闹。这种生活方式，令钱钟书感到十分头疼。

对此，钱钟书曾无奈地说过，与什么人住在一起，便会堕落到什么水平上面。这指的是他们同这个“革命家庭”的一次纠纷。都说兔子急了也会咬人，被这个“革命家庭”欺负得久了，一向性情温和的钱氏夫妇终于忍无可忍，对他们进行了还击。这使得他们落下了“打架”的名声。其实，事情一忍再忍，当忍受到了一定界限，难免会发展到忍无可忍的地步。

那次还击之后，那家人扬言要给钱钟书一家一点颜色看看。古语有云，唯小人与女子难养也。冷静下来的钱钟书想了想，觉得没有必要同这样的人置气。于是，他们搬离了家，搬到女儿在北京师范大学的宿舍中居住。原来的房子，被鸠占鹊巢，这一占，就是整整五年。这想来，便是令人感到无限心酸的。他们年轻的时候，怀着那样浩荡的梦想，奔赴海外，国难当头时毅然归国，为了传承文化奔走在硝烟之间，一辈子都生活得不安宁。

现在，本该是安静生活，享受老去时光的年纪，晨起在花园里练练太极拳，遛遛花鸟市场，闲暇时分逗逗窗台上顽皮的花猫，日落时分一起并肩看夕阳落下。他们的老年时光，应该是如此平淡而温暖地度过。可现实一点也不温暖，他们甚至被人从自己家中赶出来，仓皇如两个无家可归的流浪人。一间小小的宿舍，成了他们相依为命的屋檐，更痛苦的是，不知道什么时候这种日子才会结束，他们什么时候才能正大光明地搬回自己家中，那个家里，只有他们一家三口，没有旁的人来打扰他们的安静生活。

在这样的悲伤里，他们还忧心着唯一的女儿。王德一去世之后，钱瑗用了很久的时间，才从丧夫的悲伤中走出来。那是一段伤心往事，世间最伤人的不过是死别，而当这死别是因为沉重的历史所造成时，心里的悲恸更是难以愈合。死去的人已经死去，亡魂黯然无知未亡人的伤心，承受痛苦和磨难的，只是被丢弃在尘世的至亲至爱。尽管时间冲淡了伤痕，但钱瑗却永远不会忘记这场伤害。她的心，宛如成了一所小小的寂寞的坟，清明时节，柳絮纷飞，坟上有淡淡的烟火，却是那样冷，那样清寒如雪。

有人说，“文革”阻碍了中国十年的发展，甚至将中国经济倒退了十年。是的，这场伤害是巨大的，不仅是经济，更多的是人心。有多少人，在这场动乱中不堪屈辱而如钱钟书的女婿一样选择自我了结，也有多少人如钱瑗一样有了一生也难以忘却的痛，还有多少人如钱钟书夫妇一样，分明兢兢业业，却如晴天霹雳一样被流放至偏远地带，经受非人的折磨。废墟可以重建，可倘若是心城的废墟，又该以什么材料重建一座太平美满的盛城？

十年生死，十年聚散，十年悲欢茫茫。这场十年的戏，终究要仓促落幕。幕后的凄楚忧伤，却在很长一段时间中都宛如缄默。其实怨恨都无济于事，当过往的一切都尘埃落定，除了哀婉叹息，又能奈何几分？还不如挥别往昔，珍惜余年的光阴，来弥补过往的苍白。所以，钱钟书不怨不恨，他听说祖国是父母，当父母的总有误会错怪儿女的时候，做儿女的怎么会怨恨憎恶父母呢？黑色的烟雾散去，他依旧固守在这方国土上，淡化了个人哀伤，用自己的力量继续守护着这个祖国母亲。

卷八

Chapter·08

作诗文·诗可以兴，可以怨

走过一段泥泞坎坷的路，阳光照彻了他的生命，所有晦暗渐远，所有希望重燃。从低谷到巅峰，他完成了一场命运的飞跃，在文学的世界里，更是取得了非凡的成就，一场“钱学”的热潮，席卷而来。几十年的人生岁月洗去了浮华，在他心中留下了沉甸甸的智慧，面对名利荣辱，他的心平静淡然，清朗通透，犹如明月高悬，照亮了后来人。

花月诗影忆平生

一向以为，一位真正的学者，不管是在怎样的境遇中，都不会放弃自己的钻研的。研究学问，不仅仅再是一项工作，那分明已是一桩神圣使命，是他的光辉，他的璀璨，他一生一世存在的理由。学者，应该是有这样的认知与热情的，这份热情，在旁观者看来或许近乎疯狂，可正是如此赤诚，才能做出点真正的事业来。如果世间的每个人，都有一样可以疯狂挚爱的事情，那么各个领域的发展，想必是突飞猛进的。

钱钟书是一位真正的学者。当他被调到新的文学研究所而不得不放弃自己一贯研究的外国文学时，他没有停止手头的工作，而是开始了新的研究。这次，是宋诗。相比于唐诗，很久以来，宋诗的光辉是黯淡的，因为唐诗的潋滟璀璨一如鲜花着锦，清雅瘦削的宋诗很容易被忽视。然而，钱钟书一直都对宋诗情有独钟，他以为宋诗虽然没有唐诗的艳丽丰腴，但如果讲风骨气韵，宋诗的成就却比唐诗更加有韵味。他概念中的唐诗与宋诗并不是用朝代来进行划分的，他的划分标准是以风格为基准的，唐朝时便有宋诗，而宋朝时也有唐诗。

而这个主题，似乎还很少有人进行过专门的研究。钱钟书决定研究宋诗，当他下定了决心，便仿佛整个天空都是艳阳天。他浑然忘记了此刻紧张的气氛，忘记了自己也可能会遭受些什么，他的心，已经沉浸在学术的世界里，浑然忘己。这项浩大工程是从一九五五年开始的，那年的钱钟书是四十五岁，正值壮年。他选取了最典型的八十一位宋代诗人的近三百首诗作进行研究，逐一按照时间顺序进行编辑。

其实这也是当时的研究所所长郑振铎交给钱钟书的任务，他打算出一套《宋诗选注》，而这项任务毫无例外地落在了他十分器重的钱钟书身上。凭钱钟书的能力和学识，编纂这样一套书是不难的，两年的时间，他就完成了这项任务。一九五八年，《宋诗选注》出版，看上去似乎风平浪静，实则因为这本书的编辑工作，也是产生了不少风波的。

首先是调解。这套书的编辑需要很多人参与和合作。每个人都有自己的审美标准，当人和人的审美发生冲突时，很容易产生矛盾。当时，负责选取宋诗的人有何其芳、余冠英、王伯祥等人，可以说每个人都是小有所成的。为了减少矛盾，钱钟书迫不得已基本上选取的都是一些反映社会问题的宋诗，然后亲自为这些诗歌做注解，至于诗人小传，也是由钱钟书自己一力承担。

《宋诗选注》出版之后，一时也掀起了购书热潮。胡适曾评这本书说："钱钟书的注确实写得不错，还是可以看看的。"虽然口气略大了一些，不过能够得到这样的肯定，却也相当不易。诚然是不易的，钱钟书必须百般周旋，在这些诗里选取出最精彩的部分，也幸好是他国学功底相当扎实深厚，用词巧妙。他评论范成大的诗时用"轻巧"两个字，说范成大的诗比起杨万里的诗更加规矩和华丽，但比起陆游的诗又稍逊匀称妥帖，他的诗受晚唐诗人的影响很大，喜欢用冷僻典故作诗，也很有点江西派的习气。这段评论，是十分独到而精辟的，用词精致凝重，仿佛是在品评一位女子，恰好是多一分太肥，减一分则太瘦了。

对于宋诗中较少被研究的江湖诗派，钱钟书则肯定了它的历史地位。这是一个由徐照、赵师秀、翁卷等四人并称组成的诗派，因为四人的字或号中都带有“灵”字，所以也称“四灵”，原先江湖诗派被认为是一个没有具体流派特征的诗派，他们的诗集也很散，特征并不明显。钱钟书经过大量考据和研究，认为江湖诗派的功绩在于承袭了唐体诗的风格，大大削弱了当时江西诗派的风靡程度。

而钱钟书被胡适称道的注解写得确实是好，比如，他评析叶绍翁的《游园不值》，这首诗中最著名的当属“一枝红杏出墙来”一句。钱钟书评道：“这是古今传诵的诗，其实脱胎于陆游《剑南诗稿》卷十八《马上作》：‘平桥小陌雨初收，淡日穿云翠霭浮。杨柳不遮春色断，一枝红杏出墙头。’不过第三句写得比陆游的新警。《南宋群贤小集》第十册有一位‘江湖诗派’诗人张良臣的《雪窗小集》，里面的《偶题》说：‘谁家池馆静萧萧，斜倚朱门不敢敲。一段好春藏不尽，粉墙斜露杏花梢。’第三句有闲字填衬，也不及叶绍翁的来得具体。这种景色，唐人也曾描写，例如温庭筠《杏花》：‘杳杳艳歌春日午，出墙何处隔朱门。’吴融《途见杏花》：‘一枝红杏出墙头，墙外行人正独愁。’又《杏花》：‘独照影时临水畔，最含情处出墙头。’但或则和其他的情景搀杂排列，或则没有安放在一篇中留下印象最深的地位，都不及宋人写得这样醒豁。”

这样的信手拈来，不假思索，对于古诗的剔透见解，向来除了钱钟书之外，别无他人。而这样的注解，在整本《宋诗选注》中比比皆是，可见钱钟书的学问之深，宛如一个无底洞，不知何处是尽头了。

更难得的是，相较于《谈艺录》的语言高深，内容深奥，钱钟书编纂的《宋诗选注》文风相当平实，站在读者的立场为读者考虑，不仅给读者以知识，也给读者非同寻常的阅读美感。

钱钟书被从清华大学调离之后，再也不曾回到过课堂上。这对于学生和他自己，都是一种损失。学生失去了这样一位博学多才的老师，而这位老师也失去了和学生交流沟通激发灵感的机会。幸好，钱钟书的灵感并不匮乏，离开了课堂专心进行自己的研究工作，对他来说也未尝不是件好事。他不必担忧因为一句话不慎就得罪了人，也不必因为复杂的人际关系而头疼。

然而，钱钟书不曾预料到的是，后来在那场革命运动中，自己苦心造诣的作品非但没有得到应有的承认，还遭到了莫名的批斗。批斗的理由是因为钱钟书并未用唯物史观来阐释这本书。实际上，他已经周旋协调，在唯心审美主义和历史唯物主义之间进行了最大的融合，虽然最后作为一名文人，他还是不可避免地倾向于审美理念，但书中的许多观点和思想，却是唯物主义的范畴。然而，他的苦心却被无理地忽视和否定，一些人为了达到批斗他的目的，将这本书批斗得相当惨烈。

自己的心血被如此践踏和伤害，尽管他沉默了，心冷了，不再争辩，可当夜深阑静，身侧唯有清风绕梁时，他依旧为此伤心。他静静地摩挲着这本书的封面，如同在抚摸最爱的孩子的头顶，温柔，却充满心酸。其实他也明白，他的《宋诗选注》并没有他们说的那样不堪，历史会证明一切，可他无法避免心中的悲哀。就像许多事情，道理听得多，说得明白，可往往事到临头，却无法用冷冰冰的道理开脱自己。人是感性动物，无法在所有事情上都安之若素，淡定自若，不然，那就不是有血有肉有灵魂的人类，而是一台由程序和铁块组成的机器人罢了。

壮悔滋深

有一个故事是这样说的，居里夫人的一个友人曾去她家做客，却看到这样的一幕：她的小女儿正将母亲的诺贝尔奖杯当作玩具，肆意玩耍。友人大惊失色，可居里夫人却不以为意，好似那座许多人梦寐以求的奖杯，当真就是个玩具。此则消息一出，围观者各执一词，有人说那是她不醉心功名利禄，将富贵名誉当作身外浮云；也有人批判说，一个连自己的荣誉都不珍惜的人，又怎么让旁人去珍惜她呢。

其实人世间芸芸众生，每个人都是独特存在着的个体，一棵树上不会结出两个一模一样的果实，人类同样是如此，纵使是双胞胎，手心的掌纹亦迥然相异。自然，每个人的性情亦是不同的，有人视金钱如粪土，有人将拜金主义当作人生信条；有人酷爱追逐功名，有人却独独喜欢在瓦尔登湖畔搭一座木屋度过余生；有这样的人，自然也有那样的人，不一样的追求，造就不一样的人生，确实如此。

对于世人疯狂追捧或嗤之以鼻的名利金钱，钱钟书的态度却不同于任何一种，他既不追求，也不讨厌。他只是淡淡的、清凌凌的，很是有种“与我何干”的味道在其中。这种态度，也间或影响到了他对《围城》的态度。对于这本为他带来了空前的声誉的作品，他并不极其满意。他曾公开表示过自己早年间的两部作品，都不十分满意。这两部作品就是《围城》和《谈艺录》。他何以会有这样的言论，或许一方面是因为他本性严苛，对自己的作品更是要求严格，有一丝一毫的瑕疵，他就会觉得不满；另一方面亦是他的性情作祟，他实际上自负清高，不像许多人因为一两部作品的成功，就将这些作品视为自己人生中最优秀的创作。钱钟书不是这样的人，他不会因此卖个面子，认同大众的眼光，将《围城》视作珍品。

而最早看出《围城》的文学价值的是美籍学者夏志清先生。夏志清是著名的中国文学评论家，他说过这样的话："《围城》是中国现代文学中最有趣和最用心经营的小说，可能亦是最伟大的一部。"这句评价《围城》的话被后世众多人广泛引用。

《围城》的确是一部优秀且相当优秀的作品，但它是不是最伟大的作品，这个评判标准是不确定的。一千个读者心中就有一千个哈姆雷特，没有人可以断然肯定最伟大或最平庸，那都是一家之言。在中国现当代文学史上，优秀的文学作品实际上是层出不穷的，不论是杨沫的《青春之歌》，还是路翎的《财主的儿女们》或叶紫的《丰收》等作品，都是十分优秀的作品。若是将《围城》视为最伟大的一部，其实这是有失偏颇的。

当然，许多读者对《围城》的喜欢和追捧超出了想象。他们不仅将这部小说推上神坛，当作人生之书，反复背诵其中的经典篇章，甚至还给自家的孩子取名围城或是书中主人公的名字。这种做法，其实并不是钱钟书乐意看到的。在他眼中，《围城》非但不是自己十分满意的作品，而且只是他人生中的小插曲。写这部作品的时候，钱钟书一家人被围困在上海，由于妻子杨绛剧本的大获成功，某种程度上他的创作欲望也被得以激发，加之当时在国立西南联合大学和蓝田国立师范学院的生活经验积累，使得《围城》很快被构思和完成。而从钱钟书的人生轨迹来看，他一直是以学者的身份贯穿始终的，作家的角色，他只扮演过很短暂的一段时间，只是《围城》实在过于经典，使得许多人忘记了他的另一个身份。

从问世到沉默到再度畅销，《围城》成为大众读物经过了一段很长的历史演变周期。这部令人惊艳的小说是在改革开放初期被家喻户晓的，当时，知识分子问题被修正和重视，“知识就是力量”这句话开始深入人心，一九七七年高考的恢复，人们越发认识到文化知识的重要性，出国留学再度成为了众多学子的梦想，借着这个东风，加上同名电视剧《围城》的热播，这部作品被人们从尘埃里再度拾起，它被拂去时光的伤痕，被重新审视和肯定，更是被推荐为学生必读作品。于是，《围城》的普及化也就在理所当然之中。

钱钟书从来不希望《围城》围困住任何一个人，他希望的是每个人都能跳出这种围城心理，自由而正大地做自己的主人。他自己，亦是如此。因此，他才能有那样开阔的眼界，执笔写就这样一部光辉作品。他的老朋友柯灵先生曾说过：“钱氏的两大精神支柱是渊博和睿智。”时光推移，岁月穿梭，知识和时间将一位埋首书堆的少年，变成了苍苍白发却目光清明睿智的老人，他渊博的知识令他比常人看得更远，更多，也使他远离了狭隘；而他的睿智，可以使他洞悉事物的真相和本质，他这一生，便是如此淡然而明智地活着。

此时，青春年少、天地风沙已如沙漠中遥遥而去的驼铃，一去无踪影。旧日的光景无法触及，少年在时光堆积中垂垂老矣，他回首遥远记忆。那光阴里，没有鲜衣玉食的年轻人策马扬帆，走遍大小红楼，肆意抛洒青春燃烧岁月；也没有骄狂放纵的人将金钱做雪花，大肆挥洒只为软语巧笑；他只看见，数不清的岁月里，他低头，明月清风两相伴，照亮了书上一行行遒劲的文字。

可曾后悔？可有遗憾？可为年少时不曾放纵而心有不甘？两鬓如霜的老人或许在光影里轻轻摇了摇头，尔后唇边笑意漾开圈圈细纹。这样的人生，他有什么可以后悔的呢？那些繁华，那些耀眼，从来都不是他所追求的啊！能够如此平淡、温柔地度过此生，他早已无憾。纵使他日奔赴黄泉，他亦可以含笑走过曼珠沙华的彼岸，隔着纷纷的雨回答，此生此世，他不曾浪费过一分一秒。他能够一辈子从事自己喜欢的事业，如此，便是极好。

“怨”里开出的花朵

当春风重新吹拂华夏，新的生机在每个角落焕然出现，阴霾的天空绽放出多年来第一缕艳阳。那一年，是值得被历史和所有人深深铭记的一年。一九七八年，一切动乱和不平终于画上了句号，“四人帮”倒台，邓小平走上历史舞台，中国多年紧闭的国门在举国一片欢呼中缓缓打开。

对外开放，这个英明国策并不仅仅指经济上的开放，这是一种全方位开放。包括文化的交流。那年八月，中国社会科学院派出代表团参加欧洲汉学大会，钱钟书名列其中。由于多年的锁国政策，英文好的学者并不多，而钱钟书是少数精通英文又国学深厚的学者之一，因此，遣派他出访欧洲，是毋庸置疑的。一行人当中还有夏鼐、许涤新等人。可以说，他们是“文革”后第一批走出国门的学者。

那场欧洲汉学大会传承自青年汉学家会议，两三年一度，轮流由欧洲各国主持。值得令人深思的是，在当时，分明是研究汉文化的会议，中国却没有一次资格能够成为大会的东道主。而这次会议在是意大利召开的，这个以文艺复兴而举足轻重的国度，美丽、温柔，和中国一样饱含文化底蕴。钱钟书等中国学者受到了巨大的欢迎，因为中国已经缺席了多年，而大会也多年不曾有中国人来讲解自己的文化。

大会要求每一个与会人员都上交一篇论文，写论文对于钱钟书而言，是驾轻就熟的。他的论文题目是《古典文学研究与现代中国》，独特而富含深意。当他走上演讲台，用一口纯正流利的英文侃侃而谈，风趣幽默，又不失含蓄，在场的人们听得专注入迷，不敢有片刻分神，生怕漏掉一分一秒。更令他们吃惊的是，在钱钟书的演讲中，他没有用翻译，而是自己以英文演讲，当他引用意大利作家的话时，他说的是字正腔圆的意大利语，这一点，令在场所有的人都对这位来自古老东方的学者刮目相看了。

他们不知道的是，钱钟书精通数门语言，而意大利语，正是他能够流利运用的外语之一。他是天生的语言家，加之付出的努力，他在这场汉学大会上，为祖国母亲赢得了真正的尊重和理解。他的语言天赋令与会人员十分震惊，他演讲中的内容更是惊艳四方。譬如，他在演讲中提到，陈寅恪曾考证过《长恨歌》中杨贵妃入宫时是否还是处子这点，他是颇有微词的，他以为在严肃的正统文学研究中，这种考证是相当可笑的，说得严重一点，也是对文学的亵渎。他的语言虽然极具幽默，引人入胜，但是他的观点却是鲜明的、正义凛然的。如果说他的语言能力令人们震惊的话，那么他的思想和观点，则令所有人都肃然起敬。

演讲结束后，是各国学者对钱钟书的提问，这难不倒他。在回答过程中，他不断引用英国、法国和德国文学中的典故来回答，当一位法国学者以中文提问他时，他没有用中文回答，而是用纯熟的法文回答这位学者。后来这位法国学者跟别人说，钱钟书知道的法国的东西几乎比他自己还多。

然而，在惊艳了四座之后，钱钟书并未陷入自傲之中，他反而因为一些小事，陷入了沉思和自责当中。会议当中，钱钟书看完了《围城》三个国家的译本，而会议结束后，又有一位意大利作家认出了他，他对钱钟书说，他最初是在夏志清先生的《中国现代小说史》中看到钱钟书这个名字的。说起来，这些事都是寻常，可在钱钟书眼中，他却发现当整个中国滞后不前，当中国的知识分子都在接受改造而无法研究学术时，在外面更辽阔的那个世界，却在突飞猛进地发展着，经济、科学、文化……每一样，都在日新月异地变化着。他们对中国文化，对汉文化的钻研，已不比中国人自己逊色。这当然不是钱钟书的责任，然而他的心里，依旧感到一阵难言的悲哀，如同此行中被狠狠地打了一个耳光。当作为中国人的自己，看到外国对中国的研究是那样沉迷和认真时，他确实是沉默了。

他想起自己多年前，自己怀抱着理想，从世界的这一头回到祖国。海风时而温柔，时而凛冽，激荡在游子心中，宛如一曲悲壮而沉重的交响乐。他或许想过自己的未来，是否还有同这个世界重逢的时刻，倘若有那么一个时刻，他们都会变成什么模样呢？而今他重新站在这片土地上，心中百感交集，岁月将他变作了一个沧桑老人，这片土地却涌起了无数后起之秀。在这样鲜明的对比之下，在复杂而斑驳的情怀里，他不由感叹："我喜欢西方的文学，因为西方有过那么多伟大的作家，他们的思想是时代的结晶。我认为，中西方的文学家应该加深交流，相互照明，只有这样，才有利于世界文化的繁荣。意大利有句谚语，傻和尚点灯，越多越不明。我们不做傻和尚，我们做真智者！"

一番深情而饱含美好祝愿的话讲下来，会场里惊起了一阵又一阵热烈的掌声。是的，学者虽然有国界，可文学没有国度，民族的，也就是世界的。故步自封，只会让自己的国家更加落后，而同外面广博世界架起沟通的桥梁，互通有无，却能够让自己的国家变得更加美好和强大。这个道理，钱钟书明白，而在场的所有学者，他们也明白。所以当他们听到这番话时，便用激烈的掌声表明他们的立场。

凭着钱钟书和代表团的努力，这次汉学大会，中国在世界面前展现了崭新的一面。这些中国学者的精彩表现，令整个世界都看到了新中国的非凡风采。如同一幅古老而悠远的水墨画，中国的美丽与温柔，随着时光的流淌，徐徐展开在众人面前，一山一水，一词一画，都是那般令人惊叹。

钱钟书的人格是值得后人去敬重、钦佩和学习的。金无足赤，人无完人，虽然他也是一介凡人，但他身上的品格，却掷地有声。在那场长达十年的“文革”里，他失去了如同半子的女婿，心爱的女儿也因此伤心欲绝，而他和老妻，也失去了许多东西：钱财、声名，还有研究的权利……或许，他也曾泪流满面，悲痛不已；或许，他也曾不堪忍受，愤然而起；或许，他也怨过恨过，在遭受那样不公平的待遇时，可是最后，当一切过去，成为历史，他却理解了，包容了。像所有可以为祖国贡献出生命和灵魂的儿女一样，他为这个东方古国在世界上的重新崛起，而用心奔走，用自己的才华和能力，为它重新赢来了久违的尊重。当掌声响起，当所有目光凝聚在钱钟书身上，当胜利的风灌满了即将起航的风帆，他知道，真正的春天，正走在坦坦荡荡的道路上。

热闹的“钱学”，冷静的钱钟书

汉学大会一役归来，钱钟书这个名字，已响彻世界。未久，中美建交，中国社会科学院再度派出代表团，这次的访问地点，是美国。而钱钟书，自然要随团而行。一九七九年，代表团抵达北美，他们先来到美国哥伦比亚大学。负责接待中方代表团的是美籍华人学者夏志清先生，他是钱钟书的老朋友了，时任耶鲁大学教授，作为华人，已凭自己的才华闯出了一片天地。

美方安排他来接待钱钟书一行人，亦是用心良苦。钱钟书和他在年轻的时候就已相交，多年来友谊始终真挚，虽然国度不同，但两颗心一直纯真以待。他们见面的机会并不多，大多都是书信往来，他们都酷爱中国古典文学，时常探讨这方面的东西，一谈就是好几个钟头。因此，在这个相对陌生的地方，能够老朋友日日陪伴，钱钟书毫无异国他乡之感，反倒有种他乡遇故知的喜悦。

会议地点在哥伦比亚大学的一间会议室里，这间会议室并不大，只能容纳二三十个人，然而人们听说钱钟书要来，纷纷赶来，硬是挤进了三四十个人。会议开始，只见钱钟书脸上笑容谦和，表情诚恳，一点也没有骄矜自傲之气，他用流畅的英文同大家问好，仿佛只是个普通又可爱的小老头儿，顿时就使人生了亲近之意。

实际上，这种会议好似华山论剑，言语之间，你退我守，刀光剑影往来于无形，若非有真才实学，很容易便被打倒。幸好，钱钟书是见惯了大场面的，这种小型会议对他来说如小菜一碟。这并不意味着他不将此放在心上，反而，他的态度更加谦逊柔和，对待问题亦是小心谨慎中又不失独到见解。

有一位外国女生问道："听说您过目不忘，那么您可以不可以指点我一下呢？"钱钟书微笑说，他并没有过目不忘的本领，如果说他有什么特点的话，那大概就是他能够把自己的知识相互打通，孔子说："三人行，必有我师焉。"他觉得走在大街上，总有人比他某方面是更强的。他谦和的态度，赢得了在场人员的掌声，讨论就在这样平和的气氛下，有条不紊地进行。

他们讨论了明朝的《平妖传》，钱钟书认为这是中国明朝时最好的一部小说，时代内涵丰富，情节设计也格外合理，已经凸显了优秀长篇小说的迷人风采，但是美中不足的是，这部小说的后半部分远没有前半部分好，中国长篇小说都很难逃脱这种命运，不论是《水浒传》还是《三国演义》，都有这方面的弊病，但是也有例外的，比如说《红楼梦》。只是可惜的是《红楼梦》的后面四十章遗失了，不然现在可以看到一部从头至尾都很完美的作品。

其实《平妖传》在中国古典文学上的名气并不大，可是钱钟书对这样一部作品亦是十分了解，说起来如数家珍，可见他就算不是过目不忘，也能博闻强识。这个本事，是令在场的人们都十分震惊的。所谓百闻不如一见，大概也就是如此。

哥伦比亚一行结束后，代表团即刻起程前往哈佛大学、伯克莱大学进行演讲。最后一站是在斯坦福大学。作为美国乃至世界名校，斯坦福大学的会议研讨，也相当有学术水平。在这次会议上，钱钟书被问到对于兰陵笑笑生的《金瓶梅》的看法。《金瓶梅》被誉为中国古典文学上的一部“奇书”，钱钟书回答说，他认为《金瓶梅》是一部十分优秀的现实主义小说，这不仅是因为它对当时社会的风俗人情描写得十分详细，还因为这部小说可以说是中国文学史上一个里程碑式的存在，它的出现，很大程度上激发了《红楼梦》的诞生，其中的人名、章节还有写法等，都被《红楼梦》借鉴。但是在中国，它并没有得到应有的认同，因为传统文人认为这是一部“淫书”，谈虎色变……

钱钟书的回答，并不是一味地围绕问题进行回答，他还结合了自己的生活经验，将幽默的味道融合其中。他所到之处，都能听到一片笑声。在笑声中将知识传授，是教育的最高境界。中国传统的传道授业解惑，并没有这样的理念，这是只有接受过西方式的教育的钱钟书，才能中西结合、熟练运用的。

在偌大的世界里，倘若一个人想要立足，占据一席之地，是并不容易的。更何况是抵达繁华锦绣的境界，为世人所景仰，崇拜，甚至是提到这个名字时，都会带上一点小小的骄傲，这更是难得。然而，钱钟书做到了。在两次出访之后，他的声名达到了顶端，不仅是在国内，在国外，他的名字也为人熟知。

当时，许多国外大学向钱钟书抛出了橄榄枝，开出了十分优厚的条件，希望他能够到本校任教，其中，不乏世界顶级的名校。是走，或是留，这样的抉择多年前他也曾面临过，彼时，他还是个雄心勃勃的年轻人，漂洋过海只为一日衣锦还乡，为祖国抛洒青春与热血。学成之后，他甚至没有一分一秒的犹疑，就选择了故国。而好友夏志清，却选择了留在国外。后来，他踏上北美，故人重逢，曾对夏志清先生说：中国必然不会垮，因为中国的文化是博大的，只要你记住自己是黄皮肤的人，无论在哪里，就都给中国长脸了。

他并不反对朋友的选择，可他自己却始终坚定地留在了祖国的怀抱中。多年前是如此，多年后亦是如此。他年轻时都可以义无反顾地归国，老去后更是不愿离开祖国。虽然这片土地，曾经带给他和家人那样残酷悲伤的回忆，可它依旧是他永远的家，自始至终。就算外面的世界可以给予他更好的生活，更丰厚的金钱，而国内远远不能达到那样的水平，他也从未想过离弃。

有一段时期，钱钟书这三个字炙手可热，许多人为了一睹真容，不惜千里迢迢来到北京，去当时他在三里河的住处走一走，心里盼望着能够碰上这位可亲可敬的老人。疯狂程度，不亚于此时的粉丝追星。他们是否曾想起，就在不久前，这位老人，还是被打倒、伤害、唾弃的对象，他被迫戴上高帽子，背上莫须有的罪名，从事辛苦的体力劳动，而此时，过往的一切仿佛烟消云散，他们选择性地遗忘了他曾经受过的伤害，锦上添花的人总是多，雪中送炭却不见得人人都可以。

往事已远，岁月也远去。如同一阵轻轻的脚步声，那样轻快，那样悄无声息，人们只看见桃花林间的飞燕一年一度归来又飞去；苍山间缭绕的浮云如烟开合聚散；牙牙学语的孩童忽然之间拔高了个子，纤瘦轻盈，脸庞上沾染了青春的美好；而自己曾乌黑的发间，已经有了斑斑点点的霜色。在书堆中埋了一辈子的人，或许终于抬起头，推了推鼻梁上的眼镜，他看见，窗上的玻璃隐约映出自己的苍老——原来时光竟然如此匆匆，不经意里，自己所拥有的时间，就已那样少。他伸出握惯了笔的手，轻轻合拢，仿佛可以感受时间如流沙，在手心渐渐虚无。

是的，他也老了。他还能拥有多少个日子，去做自己喜欢的事情呢？可不管还有多少个日出，他都会一如既往地寻找真理，研究学问，一如少年时。

卷九

Chapter·09

娃金钱·『我还会迷信钱吗』

有一位外国记者曾说过这样一句话：“来到中国，有两个愿望：一是看看万里长城，二是见见钱钟书。”万里长城是世界第八大奇迹，亦是中国人们无与伦比的骄傲，绝大多数海外人士提到中国就附带想起万里长城，而这位记者将它和钱钟书相提并论，虽然有夸大嫌疑，不过无法否认的是，钱钟书的成就，绝对是非同寻常的。

姓一辈子的钱，不信一刻的钱

孔方兄这个东西，世人大抵都觉得，自然是越多越好。没人会嫌弃金钱太多，只有时常感叹不知把钱花到哪里去的人。金钱，从来都是不经用的，稍不留神，就从这个口袋，流向那个口袋，又从那个口袋，汇聚去远方了。现下，不知有多少人做了金钱的奴隶，口号是“钱不是万能的，没有钱却是万万不行的”。

其实这也无可厚非。人生就是如此短暂的一瞥，快活地生活和苦大仇深地存在，都是一种方式。有目标的人生，总不至于太贫乏。谁又去看这个目标是阳春白雪，还是下里巴人呢？追求金钱和醉心学问，众人大多以为后者比前者高端太多，毕竟国人的传统是：万般皆下品，唯有读书高。可实际上，两者唯一的区别就是，追求金钱走火入魔便容易被欲望带入堕落之路，而醉心学问，毕竟是提高人格、淬炼灵魂的康庄大道。

钱钟书是在学问的海洋中遨游了一生的，这一生，对于金钱，他没有真正地阔绰过，也没有如许多读书人一样真正清贫到捉襟见肘的地步过。他自出生，就是不缺钱的书香门第的少爷，未曾富甲一方，却是小富即安的家庭。在英国留洋时，有政府支持的学费，生活过得还颇有小资情调，他在英国就学会了煮红茶做早点。唯一算得上困窘的，大约是被围困在上海时，经济来源一时断绝，物价又涨得飞快，为了吃上饭，不得不寻找各种来钱的途径，最后身兼数职，还每日写作来挣稿酬。

那大约当真是他一生中唯一为钱发过愁的时期。家里不再请得起保姆，只好辞退了用人，夫人杨绛亲自上阵，系上围裙洗手做羹汤，家里的大小事务一应俱由自己来操持。可那时他的学术文稿几乎无人问津，堆在书架上卖不出去，稿费这一来钱的途径，若是如此只能不做他想。倒是杨绛的《称心如意》和《弄真成假》两个剧本在剧院拍戏上演，拿到了一笔不小的稿酬，缓解了燃眉之急。面对此情此景，钱钟书便着手写《围城》。

《围城》的创作过程其实并不快，虽然养家糊口的压力顶在头上，钱钟书依旧有条不紊，每天只写五百字。这对他来说已经不算是精雕细琢了，但之于许多一日好几万字的“作家”来说，当真十分细致，堪称是“抠字眼”的程度。《围城》出版之后，大为畅销，稿酬想必也是不小一笔。说起来，二十世纪八十年代将《围城》拍成电视剧的导演黄蜀芹，正是当时杨绛剧本《称心如意》的导演黄佐临的女儿，《围城》开拍电视剧，拍摄权谁都想拿到手，偏偏钱钟书金口难开。最终还是黄蜀芹亲自上阵，带着一封父亲亲笔书信前去拜访，才得到了授权。

或许只是阴错阳差，或许是钱钟书望着那封信，回忆起了当年旧情，要知道上海孤城时期，稿酬并不容易要到，想想鲁迅的《伤势》里涓生的稿酬只是两张书券，黄佐临导演支付稿酬却相当及时，几乎是份大恩情了。四十年前的恩情，四十年后钱钟书来偿还，还在他女儿身上，可以说是有来有去，有恩必报。

到了晚年，钱钟书就更不缺钱了。他家本来就人口简单，一家三口却都是能挣钱的。有一次，美国的普林斯顿大学邀请他赴美讲学，为期只要半年，说是半年，实际上两周只需上一节课，一节课不过四十分钟，算起来总共只有八个钟头。为了这八个钟头，普林斯顿大学方面开出的条件极其优厚：薪水是十六万美金，这还不包括各种交通、住宿和餐饮的费用，而且也可以携夫人杨绛随行，所需费用，由校方一力承担。这简直就是天上掉下来的大馅饼，除了钱钟书，想来也没有第二个人能拒绝得如此干脆。

他拒绝这个邀请，有两个理由。其一是他在家生活惯了，其二是他自己说的，他已看过普林斯顿大学研究生们的论文，那种水平，他去给他们上课，估计他们也听不懂。这句话里，倒是很有几分年轻时的傲岸风骨，诚然，他说的也是大实话。可正因为是实话，说出来更显张狂。

还有一次，英国一家出版社得知钱钟书家中有一部英文词典，上面写满了他的批语，于是这家出版社专程派人漂洋过海，开出天价，想把这部词典买下来。结果钱钟书回绝得更是干脆，两个字“不卖”，就把对方打发回了英国。

后来，《围城》电影版权卖到了美国好莱坞，制作商屡次邀请夫妻俩去美国做客，一路上费用全都由他们来包办，顺道还可以来瞧瞧电影进展情况。就算是如此，钱钟书还是婉拒之。用他自己的话说就是他现在是一把中国式的木头椅子，摆在那里的时候看着还是挺结实的，可要是搬动起来，那就得散架了。

对于金钱，钱钟书向来是漫不经心的。有一次，他收到了《管锥编》的八千块稿费，当时的八千块也不是一个小数目了，还是十块一张的面额，一堆堆在桌子上，看上去颇为可观。结果他把钱揣进兜里，就请杨绛去逛商场，一路上左顾右盼，丝毫没把钱放在心上。倒是杨绛跟在后头，不断提醒，要小心有小偷。还有一次，有人同他来借钱，要借一千块，他脱口而出，不要说借了，给你五百，就不用还了。后来还是这个人来借钱，他还是将数目的一半给了他。当真是令人啼笑皆非。后来他的司机开车出了事故，来问他借钱，借三千块，他照样给了司机一千五百块，说不用还了。

这不由得要令人作想，能跟这样的老头儿当朋友，当邻居，都是极好的。他有钱，却没有市侩之气，不斤斤算计，有时大方得令人瞠目结舌。借钱的事情就是佐证之一。他不差钱，家里的摆设却朴素得近乎清寒，沙发是用了许多年的物品，书架亦是简陋，是四块木板加上红砖头堆起来的。他更像是古时的清官，辛辛苦苦了大半辈子，却身无余财。诚然，钱钟书的品性，有时同古人是如出一辙的，一样的恪守人生信条，一样的赤诚如同孩童，一样的剔透、纯净和美好。

他亦是十分风趣，一次指着孔方兄打趣说："我都姓了一辈子'钱'了，还会迷信这个东西吗？"他不只是不迷信钱这个东西，他同样不迷信那些旁人孜孜以求的东西，功名利禄，声名财物，对他来说都是满不在乎的东西。这一生，他没有党派，同政治始终敬而远之，如同古时信奉山水的书生，清贫而又淡然地行走在世间，看遍红尘烟火，走过千山万水，心中依旧保留着一片纯净而宁和的天地。

《猫》

李氏夫妇的父亲都是前清遗老，李太太的父亲有名，李先生的父亲有钱。李太太的父亲 在辛亥革命前个把月放了什么省的藩台，满心想弄几个钱来弥补历年的亏空。武昌起义好像专跟他捣乱似的，他把民国恨得咬牙切齿。幸而他有个门生，失节作了民国的大官，每月送笔孝敬给他。他住在上海租界里，抱过去的思想，享受现代的生活，预用着未来的钱——赊了账等月费汇来了再还。他渐渐悟出寓公自有生财之道。今天暴发户替儿子办喜事要证婚，明天洋行买办死了母亲要点主，都用得着前清的遗老，谢仪往往可抵月费的数目。妙在买办的母亲死不尽，暴发户的儿子全养得大。他文理平常，写字也不出色，但是他发现只要盖几个自己的官衔图章，“某年进士”，“某省布政使”，他的字和文章就有人出大价钱来求。（钱钟书《猫》节选）

有人考证后说，钱钟书的这篇《猫》，是讽刺当时的知识分子的作品。至于他影射的究竟是谁，大多数人都说是林徽因。节选的这一段，仿佛坐实了该影射。林徽因的父亲林长民诚然很有名，早年间毕业于日本名校早稻田大学，曾做过参议员秘书长。林徽因后来嫁给了梁思成，公公是鼎鼎有名的梁启超先生，一家都是名流。而林徽因成名的原因并不只这些，更多的是因为她生得美貌，才情又高，可以说是民国时期最出众的才女之一。才女本来就容易令人竞相追捧，若是才女加名媛，更是要引发热潮，而林徽因，就是这样众星捧月的女子。

这样传奇一般的女子，似乎应该是不食人间烟火的，断然不会同旁人有所纠纷。然而冰心也曾写过一篇《我们太太的客厅》，据说亦是讽刺林徽因的。林徽因一家搬到北总布胡同的四合院后，由于两人的声望和才华，他们身边很快围聚了一批当时著名的才子，譬如才气满天下的诗人徐志摩、颇有声望的哲学家金岳霖、政治学家张奚若、经济学家陈岱孙、国际政治问题专家钱端升、物理学家周培源、社会学家陶孟和、考古学家李济、文化领袖胡适、美学家朱光潜、作家沈从文和萧乾，等等。这些精英时常在周六下午，相约来到梁家，谈笑聊天，时间一久，梁家的影响力越来越大。

钱钟书和林徽因的“梁子”结在两家人在清华大学为邻时期，或许不满是在更早之前——他是看不惯一群有学识有才华的人一同跑到“太太的客厅”去“讨论交流”的，笑声虽然十分愉悦，可那种愉悦不是因为心灵的撞击而生的，恰恰是因为心灵的空虚和寂寞，才希冀有一朵解语花，娇俏可人，能够安慰清冷。

在钱钟书眼中，林徽因家的客厅，正是起到了这样一个作用。生性清高的他自然是鄙薄此种行为的，觉得这一行人的行为实在是太无聊了。于是，钱钟书便为这群“无聊的人”也写了一篇“无聊”的作品。这就是《猫》。

据说，钱钟书在《猫》里讽刺影射了许多人：齐颐谷仿佛指的是萧乾；李建侯、爱默二人仿佛指的是梁思成、林徽因夫妇；爱慕女主人的诗人貌似影射的是徐志摩；政论家马用中仿佛指的是罗隆基；袁友春可能影射的是林语堂；亲日作家陆伯麟可能影射的是周作人；科学家郑须溪似指周培源；学术机关主任赵玉山大约是赵元任或胡适之；作家曹世昌似指沈从文；文艺批评家傅聚卿貌似是朱光潜；画家陈侠君仿佛是指常书鸿；郑须溪可能影射的是金岳霖或梁宗岱。

一篇作品里，几乎把当时名人都一网打尽了。难怪许多人要说钱钟书人缘不好，大约是因为他太过耿直，心直口快，讽刺的才华又实在超凡脱俗。

在《猫》的开头，他一开始便写道：“‘打狗要看主人面，那么，打猫要看主妇面了——’颐谷这样譬释着，想把心上一团蓬勃的愤怒象梳理乱发似的平顺下去。”

杨绛在《写〈围城〉的钱钟书》中也曾用过类似的话：“解放后，我们在清华大学养过一只很聪明的猫。小猫初次上树，不敢下来，钟书设法把它救下。小猫下来后，用爪子轻轻软软地在钟书腕上一搭，表示感谢。我们常爱引用西方谚语：‘地狱里尽是不知感激的人。’小猫知感，钟书说它有灵性，特别宝贝。猫儿长大了，半夜和别的猫儿打架。钟书特备长竹竿一支，倚在门口，不管多冷的天，听见猫儿叫闹，就急忙从热被窝里出来，拿了竹竿，赶出去帮自己的猫儿打架。和我们家那猫儿争风打架的情敌之一是紧邻林徽因女士的宝贝猫，她称为她一家人的‘爱的焦点’。我常怕钟书为猫而伤了两家和气，引用他自己的话说：‘打狗要看主人面，那么，打猫要看主妇面了！’”

看似轻松的调侃里，却显然可见两家人的矛盾是早就滋生的。

两家人都养猫，钱钟书是十分钟情这种动物的，他说猫是理智、情感、勇敢三德具备的动物，因此当两家的猫打架时，他总要去帮自己家的猫。杨绛来劝解，他也不退让，后来干脆写了《猫》，来专门讽刺林徽因。

对于讽刺讥嘲这种手法，钱钟书运用得炉火纯青，几乎是一针见血地，就将那群人之间的畸形关系刻画得淋漓尽致。他说："她并不是卖弄才情的女人，只爱操纵这许多朋友，好像变戏法的人，有本领或抛或接，两手同时分顾到七八个在空中的碟子。颐谷私下奇怪，何以来的人都是近四十岁、久已成名的人。他不了解这些有身家名望的中年人到李太太家来，是他们现在唯一经济保险的浪漫关系，不会出乱子，不会闹笑话，不要花钱，而获得精神上的休假，有了逃避家庭的俱乐部。"

实际上，这并不是钱钟书的严肃作品，或许在他写作的过程中，也带有一点玩味的意思。《猫》里暗讽说林徽因长得黑，做过双眼皮，是个人造美女，可那个年代，整容手术是极其罕见的。这样的作品，写完了他也不当回事，和沈从文等人照旧是朋友。倒是给文坛留下了一段悬案，后人纷纷追寻钱氏夫妇和梁家到底是有多大的深仇大恨，用得着如此刻薄地讽刺一个女子，他们不知道，钱钟书正是以高超的语言艺术出名的，既然写了，自然便写到了骨子里。

何况，钱钟书写《猫》的时候，梁启超和林徽因都尚在人间，虽然不知道他们看到这篇文章有何感想，但夫妻两人，以及围聚在"太太的客厅"的一群名人，却并未有任何反击报复活动。倒是据说在冰心女士写了《我们太太的客厅》之后，林徽因专门送了一坛子醋给她，以示还击。但也有人反驳说，林徽因之所以不用还击是因为钱家的猫始终打不过她家的猫，猫已经帮忙报仇了，又何必兴师动众地自己出力呢?

这种说法亦是格外有趣，徒博君一笑。事情的真相究竟如何，并不是隔了数十年的后人可以看破的，真真假假，是是非非，又何必穷尽心力，去研究一场本来就可能是玩笑的往事呢？倒不如像韩寒说的那样：让他们留在那年代吧。他们都只是那个人物辈出的年代里的小才情。虽然未必是小才情，不过让往事留在往事的说法，却十分豁达。

何必认识下蛋的母鸡

钱钟书许多话都流传甚远，而这句“何必认识下蛋的母鸡”，恐怕是街头巷尾大众皆知的。这个故事，都几乎成了一个典故。据说，有一位英国女士，在读完钱钟书的《围城》之后，非常欣赏钱钟书，立马化身狂热粉丝，千方百计弄来钱钟书的号码，想要见上一见。

君却不知钱钟书是连英国女王的邀约都可以放在一旁的人，结果换来电话中一句：假如你吃了个鸡蛋觉得不错，何必要认识那个下蛋的母鸡呢？拒人千里之外，又无法令人觉得尴尬，反而觉得此人当真幽默风趣。现下有许多书籍，主题就是告诉大众，在当今社会生活，须得学会一样说“不”的本事，但拒绝这个事情说起来容易，事到临头时往往又唯唯诺诺。如何拒绝一件自己不愿意的事情，而又不会引人憎恶，实在是一门艺术。

显而易见的是，钱钟书是非常擅长拒绝一事的。温和含蓄，又不失君子风度，由不得要令人想到他于二十世纪八十年代写的一篇短文中曾说过：做有文化的实在而聪敏的君子。在这句话中，包含了他对世人的希冀，但更多的，是他对自己一生的要求。他活了八十多年，在这不算短暂的时光中，他始终如一，不管是在哪一方面，都是一位有文化的、实在的而且是聪敏的君子。

他天生聪敏这一点是毋庸置疑的，别的且不论，从他《谈艺录》、《管锥编》等著作来看，无一不能证明他的聪敏，但这聪敏，同他后天的辛勤和努力，亦是分不开的。据说，在“文革”时期，钱钟书的好友傅雷先生也难逃被抄家的命运，在抄家的过程中，抄出了一大沓信件。那是钱钟书和傅雷多年来的往来信件，其中引人注目的一点是关于傅雷在翻译法国巴尔扎克的《人间喜剧》时，他向钱钟书的请教和切磋，以及钱钟书的细心答疑和回复。

《人间喜剧》是一部宏伟大作，是现实主义巨匠巴尔扎克穷尽一生心血的作品，其中内容之浩瀚广博，绝对当得起这个名字。傅雷先生翻译的《人间喜剧》亦是翻译界的佳作范本，或许在这其中也有钱钟书的小小功劳。他精通英语、法语、德语和意大利语，文学造诣更是无比深厚，有这样的好友在侧，做起事情来想必也顺畅上几分。

钱钟书的学识深厚，是众所周知的事情。可虽然是早已认定的事情，当这种实力屡屡展现时，到底还是令人吃惊不已的。听上去是一回事，亲眼所见的震撼力到底比不上听旁人言说。他最后一次在公开场合出现是在一次研讨会上，这个大型研讨会是胡乔木去世前于中宣部主持召开的，主题是关于精神文明问题。在这个会议上，海内外学者对于“精神文明”一词究竟该如何翻译一事争执不下，许久都没有定论。无可奈何之下，胡乔木请来了钱钟书，他到场之后，不过十余分钟的演讲，就平息了这场争论。

当然，也有人不服气。一位美国学者就站起来，认为钱钟书的说法不够准确。钱钟书神色淡然地说，你不是某某的学生吗？请你去看看你老师写的某书某页。一如一位武林高手，已是泰山北斗的境界，化剑气杀意于无形。这位美国学者一听，果然回去翻阅，一看之后顿时傻了眼，或许心里还在暗暗想：原来传说中这位钱钟书的博闻强识果然不是假的，过目不忘的本事大概也是真的。

一个人的天赋究竟是优越无比，还是泯然于众，这都是天生的，是父母给的，是无法选择的。但是，一个人虽然无法选择自己的出身，却可以选择自己的人生道路。该怎么走，用什么方式生活，这却是掌握在自己手中的。糟蹋天赋践踏人生的人，并不是没有；而通过自己的各种努力终于证明了自己，改变了命运的人，亦是不少见。譬如钱钟书，他虽然极具天赋，但若是他只是一个坐吃山空的败家子，不懂得靠自己的努力去生活的人，或许后人就无法在文学史上看到这个光彩熠熠的名字了。

他的深厚学识，甚至是过目不忘的本领，哪一样不是通过他后天的努力得来的？不论是在清华大学，还是牛津大学，还是后来的蓝田国立师范学院，它们的图书馆中总能看到钱钟书的身影。时常有人看到，他就那样站在图书馆的过道上，手里捧着一本书，一看就是半天，周遭人来人往，他浑然不觉，宛如忙碌人世间，唯独剩下了这本书。因此，他的成就，有天赋的作用，也同他善于思考、勤于学习的性情，不无关系。

书读得多了，难免要生出许多书呆子来。一个个满身的迂腐作风，如数茴香豆的孔乙己，后人便冠以一个被封建礼教残害的名义。钱钟书看过的书不计其数，最难得的是始终是他在看书，而不是被书引导。多年里，他以书为友，两者之间和平共处，他的目光和灵魂，并未局限在文字世界里。他活得清醒且警醒，看似沉迷如一个书呆子，实则是大智若愚。

抗战结束后，许多知识分子看不清形势，内战之后又去了台湾。可钱钟书没有，他始终留在大陆，至死都不曾离开。他是明智的，有时单纯如孩童，可他的心里却比谁都看得清楚。后来，在他的晚年，人们时常能看到这样的钱钟书：穿着一件蓝呢大衣，围着一块白绸围巾，脚上踩一双意大利制的皮鞋，风度翩翩，宛如一位英国绅士一样潇洒，可又比之多了几分书香气息。有人说，就算要老去，也要优雅地老去。而钱钟书，他就是这样优雅地老去，如同他沉静而优雅的一生。

万里长城与钱钟书

有一位外国记者曾说过这样一句话："来到中国，有两个愿望：一是看看万里长城，二是见见钱钟书。"万里长城是世界第八大奇迹，亦是中国人们无与伦比的骄傲，绝大多数海外人士提到中国就附带想起万里长城，而这位记者将它和钱钟书相提并论，虽然有夸大嫌疑，不过无法否认的是，钱钟书的成就，绝对是非同寻常的。

其实钱钟书的著作比起很多人来说，绝对不能算多。譬如李敖，那是妥妥的著作等身，自己到底写过哪些书，说不定自己都记不清楚。钱钟书的著作无非就是《围城》、《谈艺录》、《写在人生边上》、《人·兽·鬼》、《七缀集》、《槐聚诗存》、《宋诗选注》，加上一部《管锥编》，然而，这其中的任何一部，都足以令钱钟书名留青史，昭彰留名。

而作为钱钟书最为满意的《管锥编》，柯灵曾如此称赞："散文也罢，小说也罢，共同的特点是玉想琼思，宏观博识，妙语连珠，警句泉涌，谐谑天生，涉笔成趣。这是一棵人生道旁历尽春秋、枝繁叶茂的智慧树，钟灵毓秀，满树的玄想之花，心灵之果，任人随喜观赏，止息乘荫。只要你不是闭目塞听，深闭固拒，总会欣然有得。——深者得其深，浅者得其浅。”

《管锥编》一书，洋洋洒洒数百万字，语言十分古朴深奥，他在此处，构筑了一个属于自己的华美世界。这是钱钟书一生中提炼精神世界的最重要的研究成果。这部书中，他以自己的语言优势和深厚积累，引用了大量英文、法文、德文、意大利文和西班牙文，使这部书成为了稀世著作。在这部书里，他考论了辞章及义理，将时间、空间、语言、文化各类学科进行了打通与融合，而这其中，不仅仅是集大成地引用前人观点，许多观点都是源于自身多年的思考，发前人未发之覆。在此书中引述的作家多达四千位，著作上万种，除了应用在文学论证上之外，还包括了社会科学、人文学科中的几乎所有学科。

翻开这部书，你会看到钱钟书心中那个盛大的美丽世界。他旁征博引，贯通中西，时间和空间在他笔下仿佛是可以随意差遣的星辰。他是一个肆意遨游的时空旅行者，肆意行走在千年的星海里。古今，中外，汤显祖，莎士比亚，故宫和金字塔……都是他指尖缭绕的云烟，恍惚间，便凝作了纸上芳香。

有人说，钱钟书治学不是宋学的路子，而是汉学的走法。也有人说，他在用科学的方法来研究艺术。其实他究竟用什么样的方法研究，又有何关系呢？重要的是他在做一件伟大的事情，最后也确实取得了伟大的成果。在他自己眼中，《管锥编》是一部政治学著作，但在许多人眼中，这是一部文艺学著作，或是一部华丽的散文著作，甚至是一部跨越了时空的优秀小说。其实每个人的看法不同，得出的结论也就不同，只是不管怎么定义，这都是一部伟大的作品。如此，足矣。

而钱钟书并不十分满意的《谈艺录》，在众多读者眼中，也是一部优秀的作品。这部书多达四十五万字，是一部集传统诗话之大成之书，同时，这也是第一部广泛地融合中西方手法来品评中国古典诗学诗艺的书。《谈艺录》中所涉及内容之浩大，令人瞠目结舌。它评述、征引了自从宋代以来的诗话，将近一百三十余种，几乎涉及了中国诗话史上的所有重要著作。虽然《谈艺录》对读者层次的要求极高，但不能否认的是这确实是一部重要的文艺著作，放在任何一个时代，都是极其出众的。

他的著作虽然不算众多，然而这些著作却涉及多个领域。长篇小说有《围城》，短篇小说有合集《人·兽·鬼》，散文有《写在人生边上》，被他视为一生事业的文学理论著作更是造诣非凡，纵使是古体诗，他也写得游刃有余，字字华彩。莫说是才子，就算是一个大才子之名，钱先生亦是当之无愧。他的古体诗，大多收集在诗集《槐聚诗存》里。

这是一本由钱钟书先生自己选定、由夫人杨绛抄录并且保存下来的旧体诗集。他自幼读书学诗，多年来写过的诗有上千余首，然而在《槐聚诗存》中收录的诗不过三百多首，他只收录了自己最为满意的作品，可见他对自己的要求当真是十分严格。在诗集中，以内容分，不管是言志、抒情还是感时、论诗之作，都应有尽有。钱钟书的诗，诗风变化多端，但最为接近的大约是李义山绮丽幽僻的诗风。这同他年幼时所学，不无关系。

牛顿的墓志铭上写着：一个在海边拾贝壳的孩子。改变了人类历史的物理学家，用如此谦逊的语言来形容自己的一生。是的，这个世界浩瀚如同海洋，其间茫茫万物如朝生暮死的蜉蝣，那样短暂的一辈子里，多少人庸庸碌碌地走完全程，多少人站在各自的珠穆朗玛峰曾俯瞰整座雪山。我们都是在海边捡贝壳的孩子，只是捡来的贝壳，未必都是光彩流溢的美好。或许，有些人因为捡了一些斑斓的，便心有沾沾之喜，自此举步不前，他们停下了脚步，再也看不到前面风景的灿烂。而有些人，不论收获是丰厚或贫乏，他们都从未停止过步伐，一如钱钟书。

卷十

Chapter·10

终老去·世界上唯一的钱钟书走了

钱钟书先生曾经用这样三句话来概括整个人类努力的进程："我们希望他来。我们希望他留。我们希望他再来。"我想，我们也可以用这句话来表达我们对于先生的敬意——我们希望你来，我们希望你留，我们希望你再来。虽然钱钟书先生去世了，但是他的精神文化遗产就如同他本人一样一直在我们身边，从未离开过。他的智慧与才情，他的博学与幽默，仍字字珠玑地印刻在我们的脑海里，多年不曾退却。

狂乎？狷乎？

光阴荏苒，昔日隐蔽在江南小镇中人不识的默存，已成了这个世界上唯一的钱钟书。那么多人喜爱他的傲视才情，那么多人艳羡他的贤妻才女，亦有那么多人折服于他的嬉笑怒骂；那么多人视他自命清高，怪他出言不逊，亦有那么多人不理解他的狂狷。

光阴它不言语。它只是悄无声息地为这世间的所有事情做出证明。那些当年盛极一时的东西，无论是流言蜚语也好，揣度臆测也好，声名负累也好，全都成了历史微尘，不足道了。

他的闭门谢客，不广交游被人认为是狂傲与自命清高，他自己却认为与其说“狂”，毋宁说“狷”——他不愿意被采访，不愿意被访问，不愿意被过多溢美之词包围，不愿意回复友人书信，都只是源于他的那一点狷介，那一点“闭门造车”的精神，那一点“一心只读圣贤书”的劲头。正如杨绛所说：他只是想踏踏实实做学问，低调做事。

而在我看来，钱钟书先生这种甘于寂寞的“狷”，正体现了他的学问与人格之“狂”。正因为对自己的学问充满了自信，对自己的人生哲学充满了信仰，才能毫不怀疑毫不动摇地去做自己的学问，去实现自己既定的愿景，才能丝毫没有与所谓的“名流雅士”结交优游的私念，成日待在自己的“窠臼”里怡然自得，却仍然能招来许多慕名拜访之人。

他是宁可门可罗雀，也不愿门庭若市的。但这并不意味着他的狷介——他是如此言辞犀利，出口成章，雄辩之才犹如江水滔滔不绝，绝不是“狷介”二字所能一言蔽之。更何况闭门不出的他，并没有成为两耳不闻窗外事的腐儒，却成为了世间少有的学贯东西古今之人，成为了横扫文坛学术之人。

世界上有如此多的人给予他如此高的赞誉，有如此多的高等学府邀请他前往任教，他都一概置之不理，坚决请辞。这不仅仅是爱国心，更是他的高尚人格之表现。他不争名利，争学问；他淡泊舛运，珍亲人。

他的文字既没有掉书袋的学究之气，也没有媚西洋的崇外之风，他只是他，做他自己的人，做他自己的学问。至于世间评论，任他人说道去吧。

也只有他，会在晚年回顾自己以前的作品时，将自己批得体无完肤；也只有他，能让自己当年恩师叶公超的一句“你应该去牛津大学”一语成谶；也只有他，会对慕名想要来拜访的人说出那句“何必想要见识下蛋的母鸡”；也只有他，对诺贝尔奖不屑一顾，认同萧伯纳的那句话——“诺贝尔设立奖金比他发明炸药对人类的危害更大”；也只有他，当英国女王伊丽莎白二世来华访问时想见他，会回答说跟她不是一路人，见了面没话说；也只有他，敢于说出自己心中真实的想法，不论是恩师也好，名流也罢，学问也好，人格也罢，凡是他不看在眼里的，亦能公然批驳，其批驳言辞之犀利，狂狷可见分晓。

说起他的狂狷，令人不禁想起张爱玲。两人的文笔风格虽截然不同，却颇多共通之处。两人同是夏志清先生在美国竭力推崇的作家，同是名门望族后裔，文笔同样的细致，比喻同样的出彩新奇，令人叫绝，为人亦同样率真痴狂，叫人既爱又恨。

钱钟书曾说，一个人，到了二十岁还不狂，这个人是没出息的；到了三十岁还狂，也是没出息的。

而张爱玲则说，出名要趁早，来得太晚的话，快乐也不那么痛快。

钱钟书曾公开表明对冯友兰的轻视。

而张爱玲也曾公然在发表的文章里说把她跟冰心相提并论，实在是不能引以为荣的。

这是何等的相似！无论是对于自己才气的自知自信乃至自恃，还是对于狂傲的理解，无论是为人处世的毫不遮掩，还是对于自己不屑之人的露骨言论，都十分相似。

而至于两人的文笔，无论是对于比喻炉火纯青、信手拈来的运用，还是对于世俗男女刻薄的赤裸裸的不留情面的“揭露”，文学史上皆常将二者相提并论，并行研究。

美国著名学者夏志清在其《中国现代小说史》中最推崇的两个作家就是张爱玲和钱钟书。更有趣的是，沉冰主编的《琐忆钱钟书先生——许景渊（劳陇）先生访谈录》中，许景渊先生一方面为钱钟书被夏志清“力捧”而骄傲，另一方面又为夏志清将钱钟书与张爱玲相提并论而气愤：“美国的夏志清力捧两个文学家：一个是钱钟书，一个是张爱玲。其实，那是对钱先生的侮辱，二人绝不可以相提并论！张爱玲的品德很坏。”并认为张爱玲嫁给汉奸胡兰成就等于是自己也做了汉奸。而钱先生则在沦陷区表现出了高风亮节，《围城》就写于上海的“孤岛”时期。

先不说第一点，光是第二点，张爱玲亦是写出了《倾城之恋》，其内容旨趣虽与《围城》不尽相同，但是颇多共通之处。何故写《围城》便是高风亮节，张爱玲便是品德很坏，连夏志清先生将其二者相提并论都是侮辱了钱钟书？

张爱玲的不幸在于，她不似钱钟书，家学渊源颇深，前途光明顺畅。她空有一身才情，却无从施展，常遭埋没。也不似钱钟书有一个幸福的家庭，而是半生颠沛流离，尝尽世间艰辛苦楚。其实，张爱玲正是“诗可以怨”之人。

操着道德论到处评判他人是非之人，往往是最不道德的人。借用“自由”的名句来说，那便是：“道德啊，道德，多少罪恶假汝之名而行。”

张爱玲本人对于这种言论颇为隐忍，对发这种言论的人也向来是不屑一顾的。

至于钱钟书本人，其狂与狷之道，可留给时间做评判。也许正如法国前总统雅克·希拉克先生的唁电所言——“他将以他的自由创作，审慎思想和全球意识被铭记在文化历史中，并成为对未来世代的灵感源泉。”

与万里长城齐名的狂狷，未来世代之灵感的狂狷，我们且待驻足，且听风吟。

谨遵医嘱，谢事谢客

最怕是病，病来如山倒，万事成蹉跎。

钱钟书八十八岁时去世，虽说是因病去世，也称得上是高寿了。年少时颇为轻狂的他，却是越长成越俯首下心，越长成越谦和自持，越长成越持中守和了。晚年的他已是声名累累，无论是《围城》的盛况空前，红遍大江南北，还是他照相机式的记忆力，天才的博学，惊人的语言天赋，以及他十年磨一剑的国学著作，贯通中西古今，都为他博得了深厚的名望。乃至于声名在外，外国人将之等同于中国的标志，更有大学教授倡议以专门研究钱钟书自成一派，号为“钱学”，热热闹闹，大有为生民立命，为往圣继绝学之势。然而无论外面的世界如何喧嚣恣肆，钱钟书仍只是活在自己与书籍的世界里，“钱学”热闹非凡，“钱学”的中心人物钱钟书却是静默寡然，不为所动的。他不写自传，不愿被采访，拒绝拍纪录片，避免交游广阔，鸿雁传书。凡此种种，被人视为清高者有之，被人视为孤绝者有之，被人视为专心于学问者亦有之。而他只是笑对一切，并不言语，兀自专心做自己的事情。

也正因为是这份处变不惊的学者态度，闲看庭前花开花落，坐观天上云卷云舒的处世哲学，才能造就那一份高寿。人若总是容易急火攻心，情绪大起大落，甚至总是容易呜呼哀哉，对健康是有害无益的。

杨绛先生的高寿亦是一个更好的证明——与世无争者，世将给予自然的馈赠；宁静致远者，时空将为之倾倒。

然而生老病死是人生常态，钱钟书亦不例外。钱钟书逝世是在一九九八年，然而病痛却伴随了他几度春秋，最末几年几乎都是在医院的病床上度过，连想回一回家，看一眼曾经的居所都成了偌大的奢望，最终成了他的憾事。

多病已是人之大畏。老来多病，一病不起，绵延数年更是人们心中的当头大患。正如奥地利影片《爱》中所展现的，老年人的疾病将这一对感情深沉、优雅从容的老人一点一点消磨掉自尊跟骄傲。他们怕遇见任何人，也怕被任何人遇见。当耐心与自尊被消磨殆尽之后，他终于还是选择了让她死亡，彼此用最决绝的手段为对方保存一点最后的尊严。这也许是他们的子女，也许是很多旁人并不能轻易理解并宽容的事情，但是这却是唯一能保全自我与深爱之人的方式。这也是近年来支持安乐死的呼声高涨的诸多原因之一——在疾病面前，病人是否应该保有选择的权利?

一九九四年七月，钱钟书又病了，起初是发烧，送到医院急诊室，初步诊断结果说是肺炎，必须住院。后来进一步做检查，发现膀胱颈上有一个三厘米的肿瘤，是恶性的，且蔓延速度甚快，经过医生会诊后，决定等钱钟书热度一退却马上实施手术，将肿瘤割除。手术很是成功，但没有想到钱钟书手术后有后遗症，影响到肾，结果发生急性肾功能衰竭。又于一九九八年十二月初，开始发高烧，经专家多次会诊钱钟书仍高烧不退，最终于该月十九日逝世。

所幸在此期间，钱钟书并未被疾病打倒，而是乐天知命。这种达观的生活态度使得病榻上的生活没有常人眼中的那般悲观绝望。当然，这也得益于贤内助杨绛的里外应和——这老来的病痛，倒成了闭门谢客的好缘由。杨绛打趣说，钱钟书病倒之后，她为了他的身体，谨遵医嘱，谢事谢客，甘愿当他的“拦路狗”。在疾病面前仍不失幽默风趣，其乐天知命的生活态度由此可见一斑。也是，连“文革”都经历过来了的人，怎么会轻易被疾病打倒呢？连精神上的苦痛都承受过来了，这一点生理上的病痛又怎么会在乎呢？

那些原本明知钱钟书不喜见人交游却仍时不时去拜访打扰、频繁去信乃至突袭上门采访的人，因了他的病，也就不好再去频繁打扰了，即使仍有“不识时务”的，也被杨绛不辨亲疏地硬是拦下了。此番，钱钟书可谓病里偷闲，乐得闭门谢客了。

对于病痛，钱钟书不能选择，那么便坦然面对，笑对病老了。尚且在《论快乐》一文中提及要“以病为乐”。这有两层含义，一方面，把苦难当成财富，对待疾病困苦，欣然接受，在病痛中感知人生的苦乐，在得疾病时，人变得敏感，病痛让我们更细腻地体会万物。另一方面，突出精神的作用，就像文中作者又谈到快乐于人生的作用，“人生虽痛苦，却不悲观，因为它终抱着快乐的希望”。那么，快乐的源泉在哪？作者以为“一切快乐的享受都属于精神的”，在精神层次上快乐给人的心理感受相同。因为快乐由精神决定，在有些情况下，精神甚至可以把物质的痛苦转化为快乐体验。正因为如此，以病为乐，才十分有深意。

钱钟书也曾作诗：“病余意气尚骞腾，想见花间着语能。”化用陈师道《寄晁无斁》诗之“花间着语老犹能”，隐去一“老”字，指叔子兴复不浅，老尚能诗耳。颇有些不服生老、不服病痛的“老顽童”精神。其实，在钱钟书看来，真正的病痛乃在于灵魂——“我们一切情感、理智和意志上的追求和企图，不过是灵魂的思家病，想找着一个人，一件事物，一处地位，容许我们的身心在这茫茫漠漠的世界里有个安顿归宿。”如若说灵魂的思家病尚未及解决，又何暇顾及身体上的病痛？如果说灵魂的疾病已然解决，那么又何必顾及身体上的病痛?

于此，无恃无惧，只管谨遵医嘱，谢事谢客耳。病榻上的浮生半日闲得之不易，更当好好利用，方不辜负此特殊时光。

告诉他很残酷，不告诉他更残酷

这世间，人依而存活的，除了穿衣吃饭，便是感情了。因为我们的身体只是躯壳，灵魂的饱满来自知识与情感共同谱就的幸福感。亲情、爱情、友情，三者皆俱者有之，合三为一者有之，莫不皆其乐融融，天伦之享。

而人生在世，除了老而有疾之外，最令人悲恸的，莫过于丧情感之来源主体了。无论失去的是亲人也好，友人也好，爱人也罢，最怕是自己在世，而最在乎的人已经不在这个世界上了。留下自己日夜思念不可得，徒增惘然。

面对自己的疾病，钱钟书可以坦然面对，然而面对自己和杨绛两人唯一的女儿钱瑗的离世，却着实难以接受。一年前还神采奕奕、活蹦乱跳的女儿，生命的长度还远不及父母亲的女儿，生命的历程还尚未圆满尚未享受过多幸福的女儿，和自己亦父女亦哥们，“我们仨”中缺一不可的女儿，就这样一年后因为癌症先钱钟书一步离世了。最后一面都没能见着。离世之后一个月他才知晓这个噩耗。

白发人送黑发人的悲恸大抵是最无法抗拒的吧。虽然钱钟书也深知当学习庄子对妻子之死“鼓盆而歌”，虽然也深知生老病死是自然常态，是生命常态，无法强求，但是在这个残酷的事实面前，还是不能够像面对自己的病痛一样那么云淡风轻。

这个唯一的孩子，在他和杨绛去英国留学期间诞生，爱情的结晶在异国的土地上有一种甜蜜的风情，小时候在西欧的土地上辗转，长大后却在国内的政治运动中颠沛。丈夫王德一在此期间上吊自杀。年岁流转，好容易生活归于平静，在北京师范大学安心做个外语教师，却是半生未至，病魔先行。最终比年迈的母亲与病痛的父亲先行一步，留下白发人空度余生。

杨绛在这一过程中是背着最大的痛，行着最重的责的。不但要奔波于两个医院之间探望照顾家中的这两位病人，做两者之间的传声筒，还要照顾到两边的心理，小心翼翼，话不能多说，多说一句就可能是伤害。

当钱瑗病逝的噩耗传来时，杨绛选择了隐瞒真相，独自承受丧女之痛。一个月之后才告知钱钟书。因为“告诉他很残酷，不告诉他更残酷”，更何况天地之间“知女莫若父”，这对亦师亦友的父女，心有灵犀自然是不在话下，即使是常人，忽然失去女儿的消息一个月，也不能不起疑心。纸终究包不住火，不如在烧透纸之前火苗率先蹿出来为好，主动开口诉说，也让对方有个心理准备。

后来，杨绛写下了名作《我们仨》。其实《我们仨》本来是钱瑗病中写的一篇家庭回忆录。可是，脊椎癌的病痛折磨，没能让她继续写下去。一九九七年早春，钱钟书夫妇唯一的爱女钱瑗逝世。“我们三人就此失散，就这么轻易地失散了。”有感于此，已届耄耋之年的杨绛提笔续写了钱瑗的《我们仨》，往日生活嬉笑之景犹在眼前，只可惜斯人已逝，只剩惘然。

在《我们仨》里，杨绛写自己做了个“万里长梦”：一家人相聚相守，又在人生的“古驿道”上相散相失，只余她一人无尽思念。亦真亦幻。他们三个的组合，不是偶然，而是“天作之合”。用钱钟书自己的话来形容，那便是“天下就没有偶然。所有的偶然不过是化了妆的、戴着面具的必然”，在杨绛笔下则是“最平凡不过”又“不寻常的遇合”——“我们仨，却不止三人。每个人摇身一变，可变成好几个人。”

对于钱瑗，在父母的眼中，是会“七十二变”的。杨绛说：“钱瑗长大了，会照顾我，像姐姐；会陪我，像妹妹；会管我，像妈妈”；钱钟书则说：“她刚正，像外公；爱教书，像爷爷。”

而对于父亲，在钱瑗眼里则是这样的：“我和爸爸是妈妈的两个顽童，爸爸还不配做我哥哥，只配做弟弟。”

这一家子的活泼逗趣跃然纸上。书中更有钱瑗给钱钟书画的素描——有一幅画钱钟书在夏夜赤膊摇扇读书；一幅画他“衣冠端正而未戴牙齿”；更有一幅画他“如厕”，却题为“室内音乐”，令人忍俊不禁。其幽默才情一如当年在清华大学念书的钱钟书在《许眼变化图》中所体现出来的。

这一家三口不但是广为人知的学者，也是一家集幽默之大成者。但是正如钱钟书所说：“经过大力提倡的幽默，一定是矫揉造作的幽默”，而钱氏一家的幽默，其可贵之处正在于信手拈来，浑然天成——那是一种豁达的生活哲学。也许正是这种乐观的生活哲学，伴着他们走过风雨飘摇的年代，伴着他们面对所有的打击与挫折。也因而，所有的苦难在他们看来都不再是苦难了。

钱瑗生前是北京师范大学英语系教授，她治学严谨，开创了英语“文体学”；她关怀学生，她为人刚正。她逝世后得到许多学生、同事、同学、好友的缅怀。他们说：“我们不会忘记钱瑗。”

钱瑗离世八年，钱瑗的两位香港学生回北京师范大学，一位捐款一百万港币，设立了“钱瑗教育基金”，另一位在《香港文学》上刊出了《纪念钱瑗专辑》，钱瑗的学生、同事以及好友闻讯后，纷纷写文章纪念钱瑗。

吴冰也在《我们的钱瑗》中说：“比起钱瑗，我们都显得‘俗’了。”而她的第二任丈夫杨伟成与前妻所生子女则在《我们的钱瑗》中，分别撰文深情回忆了与继母钱瑗在一起度过的二十多年的幸福生活——虽是继母，生活却异常幸福。她的继子杨宏建在书中如此写道：

我父亲与钱瑗结婚时我十八岁，刚刚到工厂上班。

当时我并没有不安。因为“钱瑗阿姨”是个很随和的人，不像个“后妈”。那时我心里还有一个小算盘，“反正爸爸应该再结婚，那么钱瑗起码是个不坏的选择”。果然，钱瑗在进入西石槽杨家的生活之后，一开始就与我和妹妹以大朋友的方式交往着，从未让我们感到有“继母”的感觉。同时，我俩从她那里得到的帮助是多方面的，她对我们的人生轨迹有很大影响。比如说我在二十五年前上大学时从未想到过由钱瑗辅导的英文会对我的一生起到如此积极的作用，为此我永远感谢她！

钱瑗不是一个擅长家务的家庭主妇，大概也没有人会这样要求她。所以很有“自知之明”的钱瑗会尽量以其他方式弥补自己的这一“缺点”。在很长的一段时间，每到星期六她该回西石槽的日子我会很盼着她，原因是她经常会给我们带回一些好吃的东西。

钱瑗想努力成为一个好母亲的心情跃然纸上。她这种和子女做朋友的方式，大概也是得益于钱钟书与她相处的方式吧。

钱瑗在世时已有言在先，死后不留骨灰。然而北京师范大学外语系的师生舍不得钱瑗离开，没能遵从遗愿，还是将她的一部分骨灰带回了校园，埋在文史楼西侧她每天走过的一棵雪松下。

那里至今已是几度花开花落，景物应犹在，只是“朱颜改”，令人唏嘘。

老去增年是减年

人的一生有许多重要的关节点。生来便须庆祝，满月依然，半年又复，往后年年岁岁有今朝，岁岁年年得庆祝。到了十岁、十二岁、十八岁、二十岁，各地亦都有各地的庆祝风俗。而到了高龄高寿，摆宴庆祝更是必不可少。这既可说是人对于自己和他人生命历程的重视，也可说是太沉浸于自己的生命。其实放眼古往今来天地四方旷达之人，少有总惦记自我的生命历程者，少有年年祝贺自己的生辰之日者。而多放浪形骸，或不拘一格。

钱钟书与杨绛两人生平都最不喜过生日。即使“被逼无奈”，也是一律从简。

钱钟书八十寿辰时，他曾对前来祝寿的人说：“宋诗云，老去增年是减年。增一岁当然可以贺之，减一岁则应该吊之。一贺一吊，不是互相抵消了吗?”就这样得出了不用贺岁之结论，令人无从破的。

也许宋人的心态正是我们应当学习的。在他们眼里，随着年龄的增长，剩下的生命也就相应地减少了。若硬要说长大一岁是可喜可贺之事，那么剩余生命时日的减少亦当是一件可悲可叹之事。一悲一喜，一贺一吊，不如无为。也许这种感慨在年少时尚是“强说愁”，那么在年过半百之后的知天命年纪，应当是深能体会“老去增年是减年”之感了。也正因为这样，越是年迈之人，心境越是淡泊，越不汲汲于名利，越不在意这些身外之物，身外之事。所有的形式都归于灵魂。剩下的生命不多，更应该用来做一些更有意义的事。

一九九八年十二月十九日，钱钟书先生因病去世。他的葬礼只有杨绛先生和一些亲友参加，正如同他的寿礼一样不铺张，极尽简单之能事。在钱钟书去世后，杨绛便用余下的时光整理他的著述，回忆一家三口共度的时光。

虽然钱钟书先生去世了，但是他的精神文化遗产就如同他本人一样一直在我们身边，从未离开过。他的智慧与才情，他的博学与幽默，仍字字珠玑地印刻在我们的脑海里，多年不曾退却。无论是《围城》的讽刺幽默，还是《管锥编》、《谈艺录》的深厚博学，都是中国现当代文学史上不可多得的佳作，而其在史学、哲学等领域的价值亦不在文学之下。

钱钟书一生“恃才傲物”，对人品学问都有自身的一套严格标准。唯独对杨绛不吝溢美之词，称她为“最贤的妻，最才的女”。就连他的名作《围城》，也是在看完杨绛的喜剧之后，才萌生了写作一部小说的想法。而在他提笔写作的过程中，杨绛又甘做“灶下婢”，里外操持，照顾好这一大一小两个“孩子”；杨绛又是红颜知己、陪读书生，总是给予钱钟书不少灵感与快慰。真可谓是“中国好内助”。一家三口，治学严谨，亦其乐融融。

钱钟书在世时，杨绛尚且如此尽心尽力，当钱钟书去世后，杨绛更是无暇他顾，把绝大部分精力用在关于钱钟书的事情上。她回忆一家三口的生活，写下了大量的回忆散文佳作。此外，她还替钱钟书整理文集资料，澄清申辩。

而对于自传，钱钟书生来不肯做此一类文章。在他看来，传记是最不可信的。因此没有必要作自传，也不会去作他传。正如王朔在《看上去很美》的序言中所写——记忆是不真实的。哪怕再努力想还原一个真真实实原原本本的过去，你费尽心思绞尽脑汁还原出来的也再不可能是原来的时光了。方枪枪不会是原来的那个方枪枪，钱钟书也不会是原来的那个钱钟书了。

然而在钱钟书去世后，还是有很多人为了纪念钱钟书，写了各式各样的传记。这些传记为我们勾勒出一个个熟悉又陌生的钱钟书，那一则则逸事，仿佛历历在目；那一句句警语，言犹在耳。作为敬爱钱钟书的我们，在看这些传记的时候，在得以更进一步地了解钱钟书的时候，也要懂得分辨，懂得真实的那个他和被回忆被雕琢粉饰的那个他之间的距离。其实本文亦概莫能外。

只不过我们为我们所敬爱的人物撰写文字时，也因了从另外一位人物那里得到的启示而“理直气壮”了——胡适先生曾说：“传记文学写得好，必须能够没有忌讳，忌讳太多，顾虑太多，就没有法子写可靠的生动的传记了。”

于是我们本着我们的爱慕与敬仰，尽可能少一些忌讳地要写一部可靠而生动的传记。

在钱钟书生病住院期间，多位党中央领导人都惦念着他的病情，多次向有关方面问及他的病情。十二月十九日，上午七时三十八分，钱钟书因病在北京逝世，享年八十八岁。钱钟书去世之后，许多中外人士都纷纷吊唁慰问。十九日晚，前总书记江泽民亲自给杨绛打电话，对钱钟书的逝世表示深切哀悼，希望杨绛保重身体。杨绛对此深表感谢。在翌日新华社播出的新闻通稿中，出现“永垂不朽”

的字样。法国前总统雅克·希拉克也在唁电中说：“他将以他的自由创作，审慎思想和全球意识铭记在文化历史中，并成为对未来世代的灵感源泉。”这不禁令人想起俄罗斯伟大诗人涅克拉索夫悼念杜勃罗留波夫的一句诗句：“怎样的一盏智慧的明灯熄灭了，怎样的一颗心脏停止了跳动!”

杨绛曾写过一本名为《走在人生边上》的书，想来也是对钱钟书《写在人生边上》的一种应和与回忆吧。他们都深谙“人生边上”的哲学，因而也永远活在我们心中。

钱钟书曾经用这样三句话来概括整个人类努力的进程：“我们希望他来。我们希望他留。我们希望他再来。”我想，我们也可以用这句话来表达我们对于钱钟书的敬意——我们希望你来，我们希望你留，我们希望你再来。

后　记　致你的纯粹如雪

年纪还小的时候，我喜欢轰轰烈烈荡气回肠的故事。人生太短暂，若不曾壮烈地活一场，怎对得起三生石上过一遭。轮回转世，不过是传说，有谁知道生命还会不会有第二次。因此，一定要勇敢地爱与恨，哪怕是矫情的天崩地裂或海枯石烂。看故事或电视亦是如此，越是摧心肝或伤骨髓，越是牢牢深记。

生活积累得多了之后，方才晓得，《蓝色生死恋》的悲壮真的是一场戏，人生恰是《人鱼小姐》里的一日三餐，点点滴滴。如是才知，平淡是真。就像有人说，最好的告白，是长久的陪伴。铿锵的誓言是会随风去的，芬芳的玫瑰亦是会凋零萎落的。安慰长夜漫漫明月孤寂的陪伴，才是天长地久的。生活，真的不需要太多的矫饰，寻寻常常，普普通通，一碗面，一盏灯，一把陈旧的伞，一个疲惫时无偿的拥抱，就足以让人觉得温暖。

年少时喜欢徐志摩，因为他的爱情，他的浪漫，他的曲折人生；此时，却爱上了钱钟书，理由无他，因为他的平淡，他的沉静，他的纯粹。

做人难，做一个纯粹的人，不曾因为外物的巨大诱惑而违心的人，更是难。钱钟书，正是一个淡然，而又纯粹的人。包括他一生一世一双人的爱情，包括他说的那句话，要把所有的爱都给唯一的孩子。这些话，说出来的时候都很容易，不过上下嘴唇片刻开合。可证明，却需要一辈子的时光。他身体力行，用一生的时光来证明他的选择和言语是真的。没有风花雪月，没有曲折故事的钱钟书，仿佛一辈子都生活在平凡之中。然而，他是平凡的人，他的心，却不是平凡的心。他的笔，亦不是平凡的笔。

融平凡和伟大于一身的人，世间能得几人？可这样的人，偏偏是那样纯粹地活着的一个人。

他的纯粹，也在于他的不完美。他不懂韬光养晦，不懂用美妙的语言给他人锦上添花，不懂掩饰自己的鄙夷和嘲笑。他有时候真的像一个孩子，心里想到什么，就会做出什么。问题是长袖善舞、八面玲珑的人，真的就是完美的人吗？他并非是那样的人，他也清高，也骄傲，也放肆地品评朋友甚至老师，这些不完美，或许就是钱钟书之所以没有成为一名政客而成为了一名学者的原因。

口是心非而满面公式化的笑容，成为这样的存在，他是不屑的。

这样纯粹剔透地活着的人，有什么值得挑剔的呢？俯仰之间，无愧于天地。这是中国古代对知识分子人格的至高要求，钱钟书做到了。从年幼的孩童，到留洋英法的青年学子，再到埋首书海的中年学者，最后成为白发苍苍却目光如炬的智者，他的每一步，都走得那样端正与坦荡。终其一生，回首再回首，想必他都是无愧于心的。世间的一草一木，一花一叶，都能够证明。

读者反馈卡

尊敬的读者：

十分感谢您购买本书以及对本公司的大力支持。为能继续提供更符合您要求的优质图书，烦请您抽出点滴时间填写以下调查表并寄回，您的建议与意见将是我们不断前进的动力。我们会定期从有效回执中抽取幸运读者，寄送公司最新出版图书或其他精美礼品。

北京兴盛乐书刊发行有限责任公司

通讯地址：北京市朝阳区小营路 10 号阳明广场南楼 14A

邮政编码：100101

读者 QQ 群：292306095（兴盛乐书友会）

电子邮件：xslzbs@163.com

公司微博：@ 兴盛乐文化

公司网址：www.xslbook.net

1. 您了解本书是通过：

□书店　□网络　□报刊宣传　□朋友推荐

2. 您购得本书的渠道是：

□新华书店　□网上书城　□民营书店　□超市　□报刊亭

□其他______

3. 您决定购买本书是因为：

□书名吸引　□内容吸引　□喜欢作者　□偶然购买

□朋友推荐　□其他______

4. 您觉得本书的优点有：

□文笔好　□内容好　□封面漂亮　□排版舒服　□价格合理

□手感好　□其他______

5. 您会向他人推荐或者谈论这本书吗？

□会　□不会　□偶尔会　□看看再决定　□其他______

6. 了解本书之后，您会关注或购买公司其他图书吗？

□会　□不会　□偶尔会　□看看再决定　□其他______

7. 您决定购买一本书的因素包括：

□内容　□封面　□书名　□朋友推荐　□媒体推荐　□作者

□其他______

8. 您比较喜欢的阅读类型有：

□人文历史类　□财经类　□管理类　□励志类　□小说类

□纪实文学类　□传记类　□散文、随笔类　□女性、生活类

□亲子、育儿类　□科普类　□其他______

9. 您觉得本书有何不足之处，您有何修改意见或建议？

____

____

10. 有没有您想读但市面上却没有的书？

____

____

您的姓名__________ **性别**__________ **年龄**__________ **职业**__________

邮政地址______________________________

邮政编码__________ **手机**______________________________

E-MAIL______________________________

QQ______________ **微博**______________________________